公路工程标准规范解读系列丛书

《公路养护技术标准》
解读与应用

Interpretation and Application of Technical Standards for
Highway Maintenance

刘子剑　编著

人民交通出版社
北京

内 容 提 要

本手册为《公路养护技术标准》(JTG 5110—2023)的配套用书,介绍了标准修订背景、条文含义和制定依据、技术要求应用要点和注意事项,以及调研收集的资料和为方便使用标准而补充的有关技术资料。

本手册可供从事公路养护工作的工程技术人员和管理人员使用。

图书在版编目(CIP)数据

《公路养护技术标准》解读与应用 / 刘子剑编著.
北京:人民交通出版社股份有限公司, 2024.12.
ISBN 978-7-114-20037-3

Ⅰ. U418-65

中国国家版本馆 CIP 数据核字第 20241HY619 号

公路工程标准规范解读系列丛书
《Gonglu Yanghu Jishu Biaozhun》Jiedu yu Yingyong

书　名:	《公路养护技术标准》解读与应用
著　作　者:	刘子剑
责任编辑:	丁　遥
责任校对:	龙　雪
责任印制:	刘高彤
出版发行:	人民交通出版社
地　　址:	(100011)北京市朝阳区安定门外外馆斜街 3 号
网　　址:	http://www.ccpcl.com.cn
销售电话:	(010)85285857
总　经　销:	人民交通出版社发行部
经　　销:	各地新华书店
印　　刷:	北京市密东印刷有限公司
开　　本:	720×960　1/16
印　　张:	14.75
字　　数:	210 千
版　　次:	2024 年 12 月　第 1 版
印　　次:	2024 年 12 月　第 1 次印刷
书　　号:	ISBN 978-7-114-20037-3
定　　价:	95.00 元

(有印刷、装订质量问题的图书,由本社负责调换)

前言

我国第一部公路养护标准《公路养护修理技术规范(草案)》由交通部发布于1955年,1958年对其进行了第一次修订,1963年对其中第四章进行了修订,1973年发布了《渣油路面施工养护技术规范(试行)》。1985年,交通部正式发布了《公路养护技术规范》,1996年对其进行了第一次修订,2009年进行了第二次修订。

公路养护标准的历次版本对于指导全国公路养护工作,保障公路养护质量,提高公路养护技术水平发挥了重要作用。近年来,随着我国公路养护事业的蓬勃发展,公路养护"四新"技术不断涌现,标准体系日趋成熟,养护质量和技术水平日益提升。为适应我国公路养护事业高质量发展,满足现代公路养护需求,进一步完善公路养护技术体系,交通运输部组织完成了对《公路养护技术规范》(JTG H10—2009)(以下简称"原规范")的修订工作,于2023年11月发布《公路养护技术标准》(JTG 5110—2023)(以下简称"本标准"),于2024年3月起正式实施。

本标准为强制性行业标准,根据现行《公路工程标准体系》(JTG 1001),定位为公路养护板块的上位标准,是公路养护所遵循的基本要求,用以规范和统领公路各类基础设施、各模块标准的共性技术要求及相互关系。

本次修订在原规范的基础上,对章节编排、条文内容和技术要求等进行了重大调整。原规范共12章,基本按公路各类基础设施进行编排。修订后共9章,按公路工程标准体系养护板块中的模块组成进行编排,内容涵盖公路各类基础设施,并以建立体系、突出重点、创新引领、注重时效为基本原则,构建了以养护工作为纵线、养护对象为横线的公路养护技术体系;界定了养护对象、总任务和主要工作等公路养护范畴;规范了公路养护工程、检查及评定等分类及术语定义;明确了养护总要求、质量要求及决策目标等公路养护质量标准;规范了检查及评定、养护决策、养护工程设计、养护作业、质量控制与验收、技术文件和数据管理等公路养护技术要求;突出了科学决策、预防养护和绿色低碳等公路养护理念;强化了数字化、智能化、新技术及新装备等公路养护技术创新要求。

为帮助标准使用者更好地理解、掌握和应用本标准,解决公路养护工作中的实际问题,由本标准主编编写了《〈公路养护技术标准〉解读与应用》一书。

本书编写体例与《公路养护技术标准》(JTG 5110—2023)基本一致,内容包括条文制定背景、依据和释义等解读,以及技术要求适用对象、适用条件和注意事项等应用要点。条文正文和条文说明中有引用,或制定条文有依据有关法律、法规及国家和行业现行有关标准的,本书给出了有关法律、法规和标准的相关规定。部分条文根据国家和行业现行有关标准,以及本标准编制过程中的调研及专题研究成果,扩展了相关内容,供标准使用者参考。

为便于掌握条文核心内容并方便查阅,本书在标准的章或节标题之下添加了下级标题。为突出标准内容并便于区分,条文正文列于细线框中并采用楷体,条文解读和应用要点等则采用宋体。

本书内容如有与《公路养护技术标准》(JTG 5110—2023)不一致之处,以后者规定为准,不妥之处敬请广大读者批评指正。

在本书编写过程中,得到了本标准主要参编人员,交通运输部公路局、中国公路工程咨询集团有限公司、中咨华科交通建设技术有限公司等部门和单位的支持与帮助,在此一并表示衷心感谢!

作　者
2024 年 9 月

目 录 MULU

- 1 总则 ·· 1
- 2 术语 ·· 9
- 3 基本规定 ··· 12
  - 3.1 一般规定 ··· 12
  - 3.2 养护对象 ··· 19
  - 3.3 技术状况等级 ··· 26
  - 3.4 检查与养护要求 ··· 35
  - 3.5 养护质量要求 ··· 46
- 4 检查及评定 ··· 56
  - 4.1 一般规定 ··· 56
  - 4.2 养护检查等级 ··· 58
  - 4.3 日常巡查 ··· 62
  - 4.4 经常检查 ··· 68
  - 4.5 定期检查 ··· 73
  - 4.6 应急检查 ··· 86
  - 4.7 技术状况评定 ··· 87
  - 4.8 专项检查及评定 ··· 98
  - 4.9 结构监测 ··· 107
- 5 养护决策 ··· 113
  - 5.1 一般规定 ··· 113
  - 5.2 养护需求分析 ··· 117
  - 5.3 方案决策分析 ··· 120
- 6 养护工程设计 ··· 126
  - 6.1 一般规定 ··· 126
  - 6.2 预防养护工程 ··· 135
  - 6.3 修复养护工程 ··· 139
  - 6.4 专项养护工程 ··· 154

  6.5 交通组织方案 ··· 159
7 养护作业 ··· 169
  7.1 一般规定 ··· 169
  7.2 日常养护 ··· 171
  7.3 养护工程 ··· 173
  7.4 作业安全 ··· 178
  7.5 环境保护 ··· 186
  7.6 应急处置 ··· 191
8 质量控制与验收 ·· 197
  8.1 一般规定 ··· 197
  8.2 质量检验评定 ·· 199
  8.3 施工质量控制 ·· 202
  8.4 施工质量验收 ·· 204
9 技术文件和数据管理 ··· 209
  9.1 一般规定 ··· 209
  9.2 文件管理 ··· 212
  9.3 数据管理 ··· 215
  9.4 养护管理信息系统 ··· 219
附录 A 日常养护作业主要内容 ··· 223
附录 B 养护工程作业主要内容 ··· 225

1 总　　则

1) 标准制定目的

> 1.0.1　为规范公路养护技术工作，制定本标准。

制定本标准的目的，是提供维护公路及其基础设施正常性能和使用功能，并与外部条件及自然条件相适应的技术标准，以规范公路养护过程中有关路况检查评定、养护决策、养护设计和养护施工等所有与技术标准应用相关的技术活动。

根据《公路工程标准体系》(JTG 1001—2017)，公路工程标准分为总体、通用、公路建设、公路管理、公路养护和公路运营等六大板块，其中公路养护板块分为综合、检测评价、养护决策、养护设计、养护施工和造价等六大模块，本标准在公路工程标准体系中的地位示意如图1-1所示。

2) 标准适用范围

> 1.0.2　本标准适用于各等级公路的养护。

(1) 适用于各等级公路的养护

"本标准适用于各等级公路的养护"，即适用于按现行《公路工程技术标准》(JTG B01)修建的高速公路、一级公路、二级公路、三级公路和四级公路的养护。

(2) 适用于部分农村公路的养护

本标准原则上同样适用于按现行《公路工程技术标准》(JTG B01)修建的技术等级为四级及四级以上的农村公路。

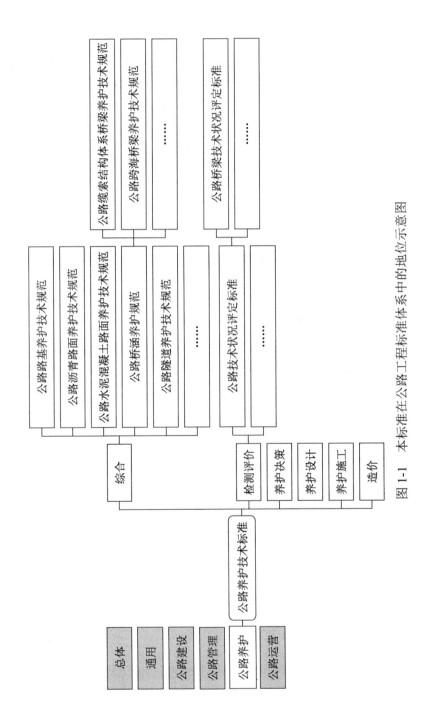

图1-1 本标准在公路工程标准体系中的地位示意图

根据《农村公路建设管理办法》(交通运输部令2018年第4号)第二条,"农村公路是指纳入农村公路规划,并按照公路工程技术标准修建的县道、乡道、村道及其所属设施,包括经省级交通运输主管部门认定并纳入统计年报里程的农村公路"。

关于农村公路的技术等级,《农村公路建设管理办法》(交通运输部令2018年第4号)第二十二条提出了原则性要求,即"农村公路建设应当根据本地区实际情况,合理确定公路技术等级,并符合有关标准规范和省级以上交通运输主管部门相关要求"。部分省区市以地方标准的形式对农村公路技术标准有所明确。例如,甘肃省《农村公路工程技术标准》(DB62/T 2934—2018)规定:"县道、乡道按 JTG B01—2014 的规定选用技术等级;村道、自然村组道路有条件时宜选用四级公路技术标准。"云南省《农村公路工程技术标准》(DB53/T 2002—2014)规定:"县道宜采用二、三、四级公路标准,乡道、村道宜采用三、四级公路标准。"

根据交通运输部发布的《2023年交通运输行业发展统计公报》❶,至2023年底,全国公路总里程543.68万km,按技术等级计,四级及以上等级公路里程527.01万km,四级以下等外公路里程16.85万km;按行政等级计,国道里程38.40万km,省道里程40.41万km,农村公路里程459.86万km。由此推算,在农村公路中,技术等级为四级及以上的,有443.01万km之多,占农村公路总里程的96.3%。

在实际工作中,并非所有技术等级为四级及以上的农村公路都纳入了专业化的养护管理体系,其中尚有部分农村公路虽已满足技术等级的要求,但根据其地位和作用、交通量大小及管理权属等,仍采用以群众性养护为主的模式。

以群众性养护为主的农村公路,包括按现行《小交通量农村公路工程技术标准》(JTG 2111)修建的四级公路(Ⅰ类)、四级公路(Ⅱ类)和等外

---

❶ 香港特别行政区、澳门特别行政区及台湾省统计数据未包括在公报内。

公路,按现行《农村公路养护技术规范》(JTG/T 5190)执行。

(3)适用范围不包括公路改扩建工程

根据《公路养护工程管理办法》(交公路发〔2018〕33号)第二条的规定,公路改扩建工程不在养护工程之列。根据《公路工程标准体系》(JTG 1001—2017)第3.2.4条的规定,公路改扩建工程目前被列在公路建设板块。

3)公路养护总任务和总要求

> 1.0.3 公路养护应持续跟踪和掌握公路基础设施使用情况和技术状况,通过精准施策、综合养护,使公路基础设施经常处于良好技术状态。

(1)总任务

公路养护的总任务概括为两个方面,一是"持续跟踪和掌握公路基础设施使用情况和技术状况",主要通过不同频次和不同深度的一系列检查来实现;二是"精准施策、综合养护",即根据基础设施使用情况和技术状况,针对性地开展日常养护,通过养护决策科学制定养护工程技术方案并予以实施。所称公路基础设施,为公路路基、路面、桥涵、隧道、交通工程及沿线设施等的统称。

(2)总要求

公路养护的总要求同时也是公路养护的总目标,即通过养护任务的执行,"使公路基础设施经常处于良好技术状态"。《中华人民共和国公路法》第三十五条规定:"公路管理机构应当按照国务院交通主管部门规定的技术规范和操作规程对公路进行养护,保证公路经常处于良好的技术状态。"《公路安全保护条例》(国务院令第593号)第四十四条亦规定:"公路管理机构、公路经营企业应当加强公路养护,保证公路经常处于良好技术状态。"所称"良好技术状态",是指公路自身的物理状态符合有关技术标准的要求。结合本标准的相关规定,满足本标准

第3.5节等有关养护质量的要求,即符合公路基础设施经常处于良好技术状态的规定。

落实公路养护的总任务,实现公路养护的总目标,是贯穿本标准的一条主线。

4)公路养护方针

1.0.4 公路养护应贯彻预防为主、防治结合、科学决策、集约高效的方针,充分发挥公路基础设施的社会效益和经济效益。

"预防为主、防治结合"是我国公路养护领域多年来遵循的基本方针,结合现代养护理念和新时代要求,本标准在此基础上完善为"预防为主、防治结合、科学决策、集约高效"的十六字方针。

预防为主,即将预防养护作为公路养护的首选,是目前国内外公认的公路养护先进理念。该理念提倡养护重心前移,建立预测、预报、病前预防、早期治理的病害预防体系,从而延缓病害发生及发展,推迟修复时间,最终获得更高的效益投资比。

防治结合,即在预防养护的基础上,积极治理已经出现的明显病害,使基础设施恢复良好的技术状况。

科学决策、集约高效,即根据公路基础设施性能变化规律,采用科学决策方法制定养护对策,并以此为依据,统筹配置养护人力、物力和财力等要素,组织实施养护工程,从而实现节约、高效的价值取向,最大程度发挥公路的社会效益和经济效益。

5)节约资源和保护环境要求

1.0.5 公路养护应贯彻节约资源和保护环境的基本国策,推进资源循环利用,落实污染防治技术措施,提升公路绿色发展水平。

节约资源和保护环境是我国的基本国策之一,对于经济发展和社会进步具有至关重要的作用。在节约资源和保护环境两者关系中,节约资源是保护环境的重要举措。对于公路养护工作,节约资源主要体现在循环利用资源方面,包括回收再利用废弃的工程材料、充分利用原路土地资源,以及施工周转材料尽可能采用可回收再利用产品等;保护环境则主要体现在防治污染和其他公害、保护和改善路域环境等方面。

6)安全生产和质量管理要求

> 1.0.6 公路养护各环节应严格落实安全生产和质量管理技术措施。

(1)安全生产

安全生产指为防止和减少生产安全事故,保障人员生命和财产安全而进行的相关活动。安全生产是我国的一项长期基本国策,是促进社会生产力发展的基本保证。对于公路养护,安全生产技术措施重点针对路况检查、日常养护和养护工程施工等涉路作业,本标准在有关作业安全章节中,重点在作业场所、人员和装备,以及特殊环境作业等方面提出了相关要求。

(2)质量管理技术措施

质量管理指为实现公路养护质量目标,针对养护人员、装备、材料、方法和环境等影响因素而实施质量控制和保障措施的活动。本标准在第8章中,重点对日常养护和养护工程施工的质量管理提出了相关技术措施,在有关路况检查及评定、养护决策、养护工程设计和施工等章节,有关技术要求同时涉及养护质量的要求,从而体现公路养护全过程的质量管理。此外,技术文件和数据管理及应用等,也是保障和提高养护质量的又一重要技术措施。

1 总则

7）推广应用"四新"要求

> **1.0.7** 公路养护应推广应用经实际工程验证的新技术、新工艺、新材料和新设备。

推广和应用新技术、新工艺、新材料和新设备，是不断提升我国公路养护技术水平的重要举措，其目的是提高公路基础设施养护质量和安全性能，节约材料、降低能耗，以及改善劳动条件和提高工效等。为保障"四新"技术的安全性能和使用功能，本条强调需通过实际工程验证后再推广应用。

8）数字化和智能化要求

> **1.0.8** 公路养护应积极采用数字化技术，通过建立在役公路数字模型等方式，推进公路养护数字化和智能化改造，推动建立智能化养护机制，形成公路基础设施数字化成果。

公路养护数字化和智能化，包括路况检查及评定、日常养护和养护工程实施及养护管理等的数字化和智能化。该项任务主要体现在两个层面，一是建立在役公路数字模型，二是在数字模型的基础上建立智能化养护机制，最终实现公路基础设施全要素动静态信息的数字化呈现和智能化养护管理。

《关于推进公路数字化转型 加快智慧公路建设发展的意见》（交公路发〔2023〕131号）提出："依托工程建设数字化成果，以业务应用场景提质增效为抓手，结合大中修工程和路况检测等，逐步实现在役公路数字化，切实提升公路养护智能化水平。"交通运输部《"十四五"公路养护管理发展纲要》提出："加快推进基础数据归集，研制推广公路养护智能化应用，推进路网运行管理数字化等。"因此，推进公路养护数字化和智能化改造,是新时代赋予公路养护的又一项重要任务。

9)标准执行要求

> 1.0.9 公路养护除应符合本标准的规定外,尚应符合国家和行业现行有关强制性标准的规定。

本标准是在系统总结我国公路养护技术和管理经验、广泛征求各方意见和建议,以及专题研究的基础上编制而成的。由于影响公路技术状况的因素十分复杂,而本标准未必能将所有因素都考虑进去,所制定的技术标准也是相对的,同时鉴于其地位,所规范的内容也是基本技术要求,因此,对于具体养护对象及特定的环境条件,养护工作尚需结合养护对象工程特征和实际情况,同时使用国家和行业现行有关强制性标准。

本条所称国家和行业现行有关强制性标准,包括公路工程标准体系养护板块中的其他强制性行业标准,有关公路设计、检测和施工等的强制性行业标准,有关安全和环境保护等的国家和行业强制性标准。

对于本标准的应用必不可少的有关标准,一般在条文说明中注明,未注明日期的,其最新版本适用于本标准。

2 术 语

2.0.1 技术状况 technical conditions

公路基础设施技术状态与规定的技术要求符合情况。

2.0.2 日常巡查 daily inspection

为及时掌握公路基础设施表观状态和使用情况,发现并及时处理可能危及通行安全的病害、损毁及其他异常情况而进行的日常性巡视检查。

2.0.3 经常检查 routine inspection

为排查和跟踪公路基础设施病害及隐患而进行的周期性检查。

2.0.4 定期检查 periodic inspection

为全面掌握公路基础设施技术状况而进行的周期性检查。

2.0.5 专项检查 special inspection

为养护决策、养护工程设计或为进一步查明病害和技术状况等专项需要而进行的检查。

2.0.6 应急检查 emergency inspection

因突发事件造成公路基础设施损毁、交通中断或产生重大安全隐患时进行的应急性检查。

> **2.0.7 结构监测 structural monitoring**
>
> 对结构技术状态连续跟踪观测或量测、评估和反馈的活动。
>
> **2.0.8 日常养护 daily maintenance**
>
> 公路基础设施的日常保养和日常维修等工作。
>
> **2.0.9 预防养护工程 preventive maintenance engineering**
>
> 在公路基础设施整体性能良好但出现轻微病害及隐患时,为延缓其性能过快衰减、延长使用寿命而预先实施的主动防护等工程。
>
> **2.0.10 修复养护工程 rehabilitative maintenance engineering**
>
> 当公路基础设施出现明显病害或部分丧失服务功能时,为恢复其技术状况而实施的功能性修复、结构性修复或定期更换等工程。
>
> **2.0.11 专项养护工程 special maintenance engineering**
>
> 为提升或恢复公路基础设施服务功能而集中实施的完善增设、加固改造、拆除重建或灾后恢复等工程。
>
> **2.0.12 应急养护工程 emergency maintenance engineering**
>
> 因突发事件造成公路基础设施损毁、交通中断或产生重大安全隐患时,为较快恢复安全通行而实施的应急性抢通、保通和抢修等工程。

本章给出了为理解本标准中某些术语所必需的定义。有关说明如下:

(1)在有关法规中已有明确定义,或在现行标准中已经统一的术语,本标准沿用其原有名称及定义,如第2.0.9~2.0.12条术语的定义,引用了《公路养护工程管理办法》(交公路发〔2018〕33号)的相关规定。

（2）对于名称及定义目前尚未完全统一的术语,本标准对其进行了统一规范。

（3）在本标准中出现频度较低的术语,其定义一般在条文说明中给出。

（4）第2.0.1条,在理解"技术状况"定义时,需重点注意其与"技术状态"和"养护质量"的关系:

①与"技术状态"的关系。定义中所称技术状态,指公路基础设施的几何形态、表面状态和完好情况等物理状态,是公路基础设施的客观状态,通常通过路况检查获得,并由一组物理量来表征。而技术状况根据规定的技术要求,通过对技术状态的评定获得,通常由无量纲量来表征,值域为0～100。例如,测得一级公路沥青路面国际平整度指数IRI为3.9m/km,此即为表征其技术状态的指数,经评定得到对应的行驶质量指数RQI为75,此即为表征其技术状况的指数,进而评定其技术状况等级为中。

②与"养护质量"的关系。1994年,交通部首次发布实施了《公路养护质量检查评定标准》,2007年该标准修订为《公路技术状况评定标准》,一个关键要素的变化是"公路养护质量"变更为"公路技术状况"。由此可见"技术状况"最早源自"养护质量",从一直沿用的"技术状况指数"英译名maintenance quality indicator（MQI）中,仍然可以看到过去的影子。由于公路技术状况除与养护质量有关外,还与其建造质量、服役年限、交通量及环境条件等有关,因此在理解"技术状况"的内涵时,不能将其完全等同于"养护质量"。

（5）第2.0.10和2.0.11条,术语定义及本标准其他条文中所称服务功能,包括通行能力、交通安全保障水平、设施服务能力、结构承载能力、耐久性和抗灾能力等。

3 基本规定

3.1 一般规定

1) 公路养护主要工作

3.1.1 公路养护应包括路况检查及评定、养护决策、日常养护、养护工程设计和施工、技术文件和数据管理等工作。

本条明确了公路养护的主要技术工作。其他有关章节涉及的养护作业，包含日常养护和养护工程施工等，质量控制与验收则为养护工程施工的重要环节，技术文件和数据管理则为贯穿公路养护全过程的质量保障和提升的支撑性工作。

2) 路况检查及评定

3.1.2 路况检查应包括对公路基础设施的日常巡查、经常检查、定期检查、专项检查和应急检查，对特殊基础设施应进行结构监测。在相关检查的基础上，应进行技术状况评定或专项性能评定。

(1) 路况检查

本标准所称路况检查，指对公路基础设施技术状态和使用情况进行的检测和调查。路况检查及评定是持续跟踪和掌握公路基础设施使用情况和技术状况不可或缺的一项重要工作。

路况检查共分为日常巡查、经常检查、定期检查、专项检查、应急检查和结构监测 6 类。要求进行结构监测的特殊基础设施，具体见本标准第 3.4.2 条的有关规定。

在各类路况检查中,日常巡查虽然属于日常养护的工作内容,结构监测虽然不是通常意义上的路况检查,但根据其目的和性质等,仍然将日常巡查和结构监测划在路况检查之列。

在《公路长大桥隧养护管理和安全运行若干规定》(交公路发〔2018〕35号)中,专项检查和应急检查统称为特殊检查。为减少分类层级,本标准未将特殊检查列为路况检查的一种类型。

(2)路况评定

本标准所称路况评定,指根据各类检查成果,对公路基础设施技术状况或专项性能等进行的评定。

检查是基础,评定是目的,检查和评定是同一阶段密不可分的工作。对应于路况检查的评定包括:

①基于日常巡查和经常检查情况,应当对基础设施使用情况、病害及隐患等进行定性判定。

②基于定期检查成果,应当进行技术状况评定。

③基于专项检查成果,应当进行技术状况评定或专项性能评定。其中专项性能包括通行能力、交通安全保障水平、设施服务能力、结构承载能力、耐久性和抗灾能力等,良好的专项性能是实现服务功能的重要保障。

路况检查与评定的对应关系如图3-1所示。

3)养护决策

3.1.3 养护决策应基于检查及评定成果,通过养护决策分析,优化选择养护方案,为编制公路养护中长期规划和年度计划提供依据。

本标准所称养护决策,指采用养护决策分析方法,优化选择养护时机、技术方案和资金投入计划的过程。其中,养护决策分析指数据收集和分析、明确决策目标、养护需求分析、方案决策分析并选择养护方案的过程,具体见本标准第5章的有关规定。

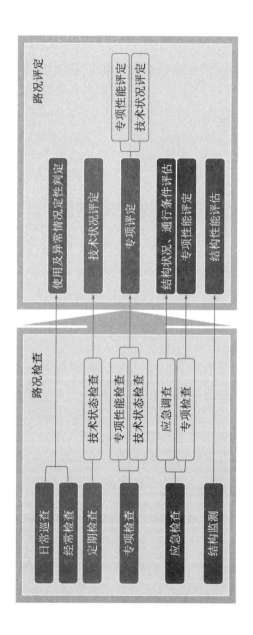

图 3-1 路况检查与评定的对应关系

公路养护决策是保障和提高养护投资效益的有效手段,是践行全生命周期公路资产管理理念的重要举措,也是"精准施策"不可或缺的一项重要工作。交通运输部在公路养护管理发展规划中,对构建公路养护科学决策体系、加强科学决策成果应用等提出了明确要求,因此,养护决策同时也是公路养护事业发展的必然要求。

本条明确了公路养护决策依据、方法、成果及其应用等的基本要求。即根据检查及评定获取的基础设施技术状况等数据,结合养护资源配置情况,采用科学的养护决策分析方法,优化选择全生命周期投资效益最大化的当前或未来年度的养护方案,其主要应用方向是为编制公路养护中长期规划、年度计划及养护工程项目库提供依据。

4)养护实施

> 3.1.4 日常养护应包括日常保养和日常维修。养护工程应包括预防养护、修复养护、专项养护和应急养护工程;应急养护工程可按技术方案组织实施,其余养护工程应按计划组织设计,依据设计及相关技术文件组织施工及验收。

公路养护共分为日常养护和养护工程两大类。其中,日常养护包括日常保养和日常维修;养护工程分为预防养护工程、修复养护工程、专项养护工程和应急养护工程。日常养护和各类养护工程是"综合养护"的重要体现。

根据本条规定,各类养护的实施要求如下:

(1)日常养护:为日常性的保养和维修工作,同时根据日常巡查和检查发现的异常情况调整其工作重点。

(2)预防养护工程、修复养护工程和专项养护工程:按照前期工作、计划编制、工程设计、工程施工及验收等程序组织实施,即根据路况检查及评定成果、养护决策制定的养护计划,开展养护工程设计,依据设计及相关技术文件组织施工及验收。

(3)应急养护工程:在突发事件造成公路基础设施损毁或产生重大安全隐患时,依据应急检查后确定的技术方案组织实施。

本标准所称突发事件,指突然发生,造成或者可能造成严重危害,需采取应急处置措施予以应对的自然灾害和事故灾难等紧急事件。

自然灾害包括公路地质灾害和公路气象灾害。其中,公路地质灾害指对公路设施安全和运营环境造成危害的地质作用或与地质环境有关的灾害,包括滑坡、崩塌、泥石流、采空区和岩溶塌陷等不良地质类灾害,软土沉降、黄土湿陷、膨胀土胀缩、冻土冻胀融沉、盐渍土盐胀融陷和风蚀沙埋等特殊性岩土类灾害,路基水毁、结构物水毁和河沟道水毁等水力类灾害,断层错动和地震等地质构造类灾害;公路气象灾害指对公路设施安全和交通安全造成危害的天气、气候灾害及其次生、衍生灾害,包括台风、暴雨、暴雪、冻雨、冰雹、雷暴、大风、沙尘、大雾、高温、低温等直接造成的灾害,以及气象因素引发的山体滑坡、泥石流、雪崩、重大水毁等次生、衍生灾害。

最易引发公路损毁的常见自然灾害包括不良地质类灾害、水力类灾害和地质构造类灾害,以及气象因素引发的次生灾害和衍生灾害等。

事故灾难包括基础设施结构安全事故、交通安全事故和养护作业过程中发生的生产安全事故等。

5)文件和数据管理与应用

> 3.1.5 公路养护应收集、管理并充分利用各环节形成的技术文件和取得的数据,推进养护管理信息系统建设与应用。

公路养护各环节形成的技术文件和取得的数据是养护成果的重要组

成部分,也是持续跟踪和掌握公路基础设施使用情况和技术状况、精准施策、综合养护的重要支撑资料,尤其是公路基础设施静态数据、检查和养护取得的动态数据等,是公路资产的组成部分,也是建立公路养护管理信息系统的基础。因此,本条对收集、管理并充分利用各环节形成的技术文件和取得的数据提出了强制性要求。

本标准所称养护管理信息系统,为信息化公路养护综合管理系统,路面、桥梁和隧道等专项养护管理系统,日常养护、养护工程和公路资产管理系统等的统称。

近年来,我国在研发和应用公路养护管理信息系统方面取得了重要进展,尤其是以养护决策为核心的路面养护管理系统和公路资产管理系统等日益成熟,应用日渐广泛,但鉴于目前系统应用的广泛性和技术成熟度,本条仅对推进养护管理信息系统建设与应用提出了要求。

6)人员和机具设备的配备

> 3.1.6 公路养护应配备与养护任务相适应的专业技术人员及专业机具设备,推广应用自动化、数字化快速养护检测和施工技术及设备。

本条所称养护任务,指路况检查、日常养护和养护工程施工等作业任务,对专业技术人员及专业机具设备的配备要求主要针对这三类作业任务。为适应特定的养护任务,人员和机具设备的配备同时还要考虑公路技术等级、作业里程、具体作业对象及规模,以及作业类别和实施方案等。

原规范给出了公路养护每100km机械配备参考表,考虑到自动化、数字化快速养护检测和施工装备的不断出现,养护实施方案的不断创新,养护单位专业化水平及养护工效的不断提升,本标准不再提供机械配备表,仅对专业技术人员及专业机具设备的配置提出原则性要求。

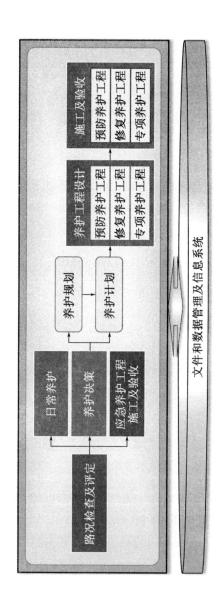

图 3-2 公路养护主要技术工作之间的关系

推广应用自动化、数字化快速养护检测和施工技术及设备,对于提高公路养护质量、工作效率、经济效益和社会效益具有重要作用。以日常巡查为例,目前主要采用乘车人工巡查方式,存在工作量大、效率低、成本高、定点拍照取证困难、对巡查员专业水平要求高、恶劣气候及复杂地形威胁巡查员人身安全等问题,尤其当任务量大时,难以达到标准规定的巡查质量要求。而新一代技术和设备的应用,将为上述问题提供有效的解决方案。

目前,已被广泛使用或正在研发的现代技术及设备包括基于人工智能的自动化巡查设备,路面、桥梁、隧道和交通安全设施等的自动化快速检测、无人化养护施工控制等装备,以及基于物联网的养护工程项目管理技术等。

7)主要工作之间的关系

本标准第3.1.1～3.1.5条的主要内容,建立起了公路养护主要技术工作之间的关系(图3-2),同时也在一定程度上反映了公路养护技术工作的基本流程。

由图3-2可以看出,在路况检查及评定的基础上,养护实施主要分为三种情况,一是常态化的日常养护,二是按规定程序组织实施预防养护、修复养护和专项养护工程,三是因突发公路损毁而实施的应急养护工程。

3.2 养护对象

1)公路

> 3.2.1 公路养护对象应包括已竣工验收并投入使用的路基、路面、桥涵、隧道、交通工程及沿线设施等。

《公路建设监督管理办法》(交通运输部令2021年第11号)第十五条规定:"通车试运营2年后,交通主管部门应组织竣工验收,经竣工验收合格的项目可转为正式运营。"即经竣工验收合格的公路才算正式交付使用。据此,本条规定公路养护对象包括已竣工验收并投入使用的路基、路面、桥涵、隧道、交通工程及沿线设施等。根据实地调研收集到的情况,有不少公路建设项目在交工验收后即由养护单位接养,根据技术标准的性质,只要接手养护工作就应当按本标准的技术规定执行。

按照《公路工程技术标准》(JTG B01—2014)的有关规定,公路组成要素包括路线、路基、路面、桥涵、隧道、路线交叉、交通工程及沿线设施。

公路养护主要以基础设施为对象,即路基、路面、桥涵、隧道、交通工程及沿线设施等。不仅是公路主线,路线交叉同样也包含上述各类基础设施,故路线及路线交叉不单独列为养护对象。当交通安全和通行能力等的检查评定,以及服务功能提升工程涉及路线及路线交叉技术指标和几何构造时,本标准有关章节会给出专门规定。

2)路基

> 3.2.2 路基养护对象应包括土路肩、路堤与路床、边坡、防护及支挡结构物、路基排水设施等分项设施。

根据路基工程的组成,同时考虑与路面养护界面的划分、与检查及评定项目分类的一致性等因素,路基养护对象分为土路肩、路堤与路床、边坡、防护及支挡结构物、路基排水设施等5类分项设施。《公路路基养护技术规范》(JTG 5150—2022)有关检查及评定项目的分类,与本标准对路基分项设施的分类基本一致。

根据分项设施及其组成,路基养护对象主要项目见表3-1。在分项设施中,防护及支挡结构物包括边坡坡面防护和支挡结构物,其中坡面防护包括路堤边坡和路堑边坡的防护,支挡结构物指支撑或加固边坡并承受荷载的结构物;排水设施包括地表排水设施和地下排水设施,其中地表排水设施指排除路面、桥面、中央分隔带、坡面和由公路毗邻地带或交叉道路流入路界内的表面水的设施,地下排水设施指拦截、引排含水层的地下水,降低地下水位或疏干坡体内地下水的设施。

表3-1 路基养护对象主要项目

序号	分项设施		主要项目
1	土路肩		土路肩面层、路面外边缘和中央分隔带路缘石等
2	路堤与路床		堤身、路床和地基等
3	边坡		路堤边坡、路堑边坡及碎落台等
4	防护及支挡结构物	坡面防护	植物防护和骨架植物防护,喷护、挂网喷护、片石护坡和护面墙等坡面防护工程;砌石护坡、混凝土护坡、抛石、丁坝和顺坝等坡面防冲刷工程
		支挡结构物	重力式、半重力式、石笼式、悬臂式、扶壁式、锚杆、锚定板、加筋土和桩板式等挡土墙;预应力锚索、土钉支护和抗滑桩等
5	排水设施	地表排水设施	边沟、截水沟、排水沟、跌水井、急流槽和集水井,中央分隔带排水设施等
		地下排水设施	暗沟、渗沟、渗井和排水管等

3)路面

> **3.2.3** 路面养护对象应包括路面面层和基层、硬路肩和路面排水设施等。

根据路面工程的组成,其养护对象包括路面面层和基层、硬路肩和路面排水设施等。

当沥青路面面层采用不同混合料分层铺筑时,还进一步分为表面层、中面层和下面层。基层包含其下设置的底基层,为与有关标准的表述一致,基层和底基层统称为基层。

硬路肩结构层组合和材料,以及检测和养护等要求与车道部分有所不同,故硬路肩单独列出。

路面排水设施包括路面边缘排水设施和排水层等。所称排水层,指在地下水位高、排水不良的路段,或水文地质条件不良的挖方路段,为排除路面结构内部水而在基层或底基层与路床之间设置的功能层。

在季节性冻土地区,路面养护对象还包括在基层或底基层与路床之间设置的防冻层。

4)桥涵

> **3.2.4** 桥涵养护对象应包括桥梁桥面系、上部结构、下部结构、附属设施和调治构造物等的各部件和构件,以及涵洞各部件等。

根据桥梁的组成,同时考虑与检查及评定项目分类的一致性等因素,桥梁养护对象划分为桥面系、上部结构、下部结构、附属设施和调治构造物等4类分部工程,根据分部工程的组成,还可以进一步划分为部件,根据部件的组成进一步划分为构件。

3 基本规定

涵洞养护对象即组成涵洞的各类部件及构件。

根据分部工程及其组成,桥涵养护对象主要部件见表 3-2,其中桥梁上部结构和下部结构的部件按桥梁类型分别列出。

表 3-2 桥涵养护对象主要部件

序号	分部工程及桥梁类型			主要部件
1	桥面系			桥面铺装、伸缩装置、人行道、栏杆和护栏、排水系统、照明和标志等
2	上部结构	梁式桥	板梁桥	板梁、铰缝和支座等
			肋梁桥	肋梁、湿接缝、横隔板和支座等
			装配式箱梁桥	箱梁、湿接缝、横隔板和支座等
			整体式箱梁桥	箱梁、横隔板和支座等
			悬臂梁桥	悬臂梁及挂梁、横向联结系和支座等
		拱式桥	板拱、箱形拱桥	主拱圈、拱上结构和桥面板等
			肋拱桥	拱肋、横向联结系、拱上结构、桥面板和支座等
			刚架拱、桁架拱桥	拱片、横向联结系、拱上结构、桥面板和支座等
			双曲拱桥	拱肋、横向联结系、立柱、拱波和桥面板等
			钢混组合拱桥	拱肋、横向联结系、立柱、吊杆、系杆、桥面板和支座等
		斜拉桥		斜拉索、锚具和拉索护套等斜拉索系统,主梁、索塔和支座等
		悬索桥		加劲梁、索塔、支座、索鞍、主缆、索夹、吊索及钢护筒、地锚式的锚杆等
3	下部结构	梁式桥、拱式桥、斜拉桥		桥墩、桥台、墩台基础、翼墙和耳墙、锥坡和护坡等
		悬索桥		索塔基础、索塔和地锚式的锚碇等
4	附属设施和调治构造物	附属设施		防撞、防雷和抗震等设施,导航和警示标志,检修通道等
		河床及调治构造物		河床铺砌,导流堤、丁坝、顺坝、格坝和透水坝等
5	涵洞			盖板、顶板或拱顶,侧墙或台身及基础,涵底及洞口铺砌,洞口翼墙和护坡等

23

5）隧道

> 3.2.5　隧道养护对象应包括隧道土建结构、机电设施和其他工程设施，并应包括下列分项设施及设备：
>   1　土建结构：包括洞口、洞门、衬砌、路面、检修道、排水设施、吊顶及预埋件、内装饰、标志和标线等。
>   2　机电设施：包括隧道供配电、照明、通风、消防、监控和通信等设施及设备。
>   3　其他工程设施：包括电缆沟、设备洞室及工作井、洞外联络通道、洞口限高门架、洞口环保景观设施、消音设施、减光设施、防雪棚、污水处理设施、附属房屋和通风塔等。

根据隧道的组成，同时考虑与检查及评定项目分类的一致性等因素，隧道养护对象划分为土建结构、机电设施和其他工程设施3类分部设施。

机电设施和交通安全设施对于隧道运行安全至关重要，且机电设施在隧道路段较为集中，同时因隧道养护环境的特殊性，无论是土建还是机电设施均纳入隧道养护项目进行统一管理，因此，隧道机电设施被列为隧道的一项分部设施，隧道路段交通安全设施则列于土建结构中。

根据分部设施及其组成，隧道养护对象主要分项设施及设备见表3-3。

表3-3　隧道养护对象主要分项设施及设备

序号	分部设施	主要分项设施及设备
1	土建结构	洞口、洞门、衬砌、路面、检修道、排水设施、吊顶及预埋件、内装饰、交通标志、标线和视线诱导设施等分项工程
2	机电设施	隧道供配电、照明、通风、消防、监控和通信等分项设施及设备
3	其他工程设施	电缆沟、设备洞室及工作井、洞外联络通道、洞口限高门架、洞口环保景观设施、消音设施、减光设施、防雪棚、污水处理设施、附属房屋和通风塔等分项设施

6)交通工程及沿线设施

> 3.2.6 交通工程及沿线设施养护对象应包括交通安全设施、机电设施、管理服务设施、绿化与环境保护设施,并应包括下列分项设施及设备:
> 1 交通安全设施:包括交通标志、标线、护栏、栏杆、视线诱导设施、防眩设施、隔离栅、防落网和避险车道,以及防风栅、防雪栅、积雪标杆和限高架等。
> 2 机电设施:包括公路监控、收费、通信、供配电、照明和监测,以及隧道通风和消防等设施及设备。
> 3 管理服务设施:包括管理中心、管理站(所)、养护工区、道班房、服务区(站)和停车区(点)用房及设备,以及场区、停车场及出入匝道等。
> 4 绿化与环境保护设施:包括公路用地范围内各类绿化,以及声屏障、污水处理设施和水土保持设施等。

按照《公路工程技术标准》(JTG B01—2014)的有关规定,交通工程及沿线设施分为交通安全设施、服务设施和管理设施三大类,其中管理设施包括机电设施和管理养护设施。

与公路土建工程相比,机电设施有其独特的工程特点、技术状况特征和维护要求,因此在实际工作中,机电设施通常作为专项并由专业队伍进行维护。在公路养护标准体系中,目前正在制定《公路机电设施养护技术规范》。在《公路养护工程管理办法》(交公路发〔2018〕33号)附录"公路养护工程分类细目"中,交通工程及沿线设施分为机电、交安设施、管理服务设施和绿化景观4个部分。因此,结合各类设施工程特性、公路养护标准体系的构成及工作惯例,本标准将交通工程及沿线设施划分为交通安全设施、机电设施、管理服务设施、绿化与环境保护设施4类分部设施。

其中,管理服务设施主要包括服务设施和管理养护设施的房屋、场地及相关设施设备等。

根据分部设施及其组成,交通工程及沿线设施养护对象主要分项设施及设备见表3-4。

表3-4 交通工程及沿线设施养护对象主要分项设施及设备

序号	分部设施	主要分项设施及设备
1	交通安全设施	交通标志、标线、护栏和栏杆、轮廓标、诱导标、示警桩、示警墩和道口标柱等视线诱导设施,防眩板和防眩网等防眩设施,隔离栅、防落网和避险车道,以及百米桩、里程碑、里程牌、减速丘、减速带、防风栅、防雪栅、积雪标杆、限高架和凸面镜等
2	机电设施	公路监控、收费、通信、供配电、照明和监测等设施及设备,以及隧道通风和消防等设施及设备
3	管理服务设施	管理中心、管理站(所)、养护工区、道班房、服务区(站)、停车区(点)和客运汽车停靠站用房或构筑物、相关设施、场区、停车场及出入匝道等
4	绿化与环境保护设施	绿化、声屏障、污水处理设施和水土保护设施等

3.3 技术状况等级

1)等级划分

> 3.3.1 公路及其路基、路面、交通工程及沿线设施的技术状况等级应由高至低划分为优、良、中、次、差,桥梁、涵洞和隧道技术状况等级可相应划分为1类、2类、3类、4类、5类。

技术状况等级是衡量公路基础设施技术状态与规定的性能和功能等技术要求符合程度的尺度。

根据《公路养护质量检查评定标准》(JTJ 075—94)的规定,公路养护质量分为优、良、次、差4个等级。从2007年起,《公路技术状况评定标准》规定公路技术状况等级分为优、良、中、次、差5个等级,并沿用至今。

根据本条规定,公路及其路基、路面、交通工程及沿线设施的技术状况等级,均按优、良、中、次、差进行划分;与优、良、中、次、差相对应,桥梁、涵洞和隧道技术状况等级划分为1类、2类、3类、4类、5类。其中,涵洞技术状况等级对应于现行有关标准规定的好、较好、较差、差、危险。

作为特例,机电设施和隧道其他工程设施技术状况等级目前不采用五级划分标准。

2)等级定性描述

无论哪类基础设施,其技术状况的每一等级都应当有共性的定性状态,如技术状况等级为中时,虽然存在较明显病害,部分服务功能降低,但尚能维持车辆及行人正常通行;技术状况等级为次时,已出现较严重病害,部分服务功能丧失,不能保证车辆及行人安全通行,需实施交通管制;技术状况等级为差时,已出现严重病害,服务功能基本丧失,危及车辆及行人通行安全,应立即封闭交通。

根据本标准专题研究成果,综合相关标准的规定,公路技术状况等级定性描述见表3-5。

表3-5 公路技术状况等级定性描述

技术状况等级	定性描述
优	各类设施及设备齐全完好,整体性能良好,服务功能符合设计标准,仅存在少量轻微病害
良	各类设施及设备齐全,整体性能尚好,服务功能达到设计要求,存在轻微病害,但发展缓慢
中	设施及设备出现较明显病害,部分服务功能降低,但发展较慢,尚能维持车辆及行人正常通行

续表 3-5

技术状况等级	定性描述
次	设施及设备出现较严重病害,部分服务功能丧失,且发展较快,不能保证车辆及行人安全通行
差	设施及设备出现严重病害,服务功能基本丧失,且发展迅速,危及车辆及行人通行安全

3)等级评定指标

3.3.2 公路技术状况等级应采用技术状况指数作为评定指标,值域为 0~100。

(1)技术状况指数

技术状况指数是表征公路及其基础设施技术状态与规定的技术要求符合情况的参数,故将其作为技术状况等级评定指标。技术状况指数包括路网、一条公路、一个路段或评定单元的技术状况指数,以及路基、路面、桥梁、涵洞、隧道、交通工程及沿线设施等的技术状况指数。

技术状况指数通过路况检查及评定获得,评定方法包括扣分法、公式换算法和设备完好率法等,部分养护标准将评定值称为技术状况评分。无论哪种方法得到的评定值,其本质均为表征评定对象技术状态与规定的技术要求符合情况的参数,值域均为 0~100,故本标准统一称为技术状况指数,其中路面分项技术状况指数也称为分项指数。

(2)评定指标体系

①现行评定指标体系。

技术状况等级评定指标体系由多级指标构成,根据《公路技术状况评定标准》(JTG 5210—2018),公路技术状况指数 MQI 由路基技术状况指数 SCI、路面技术状况指数 PQI、桥隧构造物技术状况指数 BCI、沿线设施技术状况指数 TCI 等技术状况指数经综合评定确定,SCI、PQI、BCI

和 TCI 则由各自下级指标层层评定,所构成的技术状况现行评定指标体系见表3-6。

表3-6 技术状况现行评定指标体系

公路技术状况指数	其他各级技术状况指数			
	一级指标	二级指标	三级指标	四级指标
公路 MQI	路基 SCI	各分项工程 SCI_i	—	—
	路面 PQI	损坏状况 PCI	—	—
		行驶质量 RQI	—	—
		跳车指数 PBI	—	—
		抗滑性能 SRI 或磨耗指数 PWI	—	—
		车辙深度 RDI	—	—
	桥隧构造物 BCI	桥梁 D_r 上部结构 $SPCI$	各部件 $PCCI_i$	各构件 $PMCI_i$
		下部结构 $SBCI$	各部件 $BCCI_i$	各构件 $BMCI_i$
		桥面系 $BDCI$	各部件 $DCCI_i$	各构件 $DMCI_i$
		涵洞 CCI 各部件 CCI_i	—	—
		隧道 CI 土建结构 $JGCI$	各分项工程 $JGCI_i$	—
		机电设施 $JDCI$	各分项设施 E_i	—
	沿线设施 TCI	各分项设施 TCI_i	—	—

表中,除路面 PQI 外,其他指标含有的分项指标未展开,仅以指标符号加注脚标的形式示意。

②全面评定指标体系。

从表3-6可以看出,在现行评定指标体系中,桥梁和隧道并未单独作为一级指标,隧道其他工程设施未参与公路总体技术状况的评定,交通工程及沿线设施中仅有少量设施参与公路总体技术状况的评定。随着公路桥隧占比的增大和公路领域数字化转型升级,现行评定指标体系将会显得越来越不适应。

从理论上讲,公路总体技术状况的评定,应当由组成公路的所有基础设施即所有养护对象参与,即评定对象包括路基、路面、桥梁、涵洞、隧道、交通工程及沿线设施,以及各类基础设施的各分项,且各类基础设施的技术状况等级评定标准相对统一,构成公路技术状况全面评定指标体系(表3-7)。随着自动化、信息化检测和评定手段的不断发展,公路技术状况评定指标体系会朝着更全面、更科学的方向不断完善。

表3-7 技术状况全面评定指标体系

公路技术状况指数	其他各级技术状况指数				
	一级指标		二级指标	三级指标	四级指标
公路 MQI	路基 SCI		各分项工程 SCI_i	—	—
	路面 PQI		损坏状况 PCI	—	—
			行驶质量 RQI	—	—
			跳车指数 PBI	—	—
			抗滑性能 SRI 或 磨耗指数 PWI	—	—
			车辙深度 RDI	—	—
	桥梁 BCI		上部结构 $SPCI$	各部件 $SPCI_i$	各构件 $SPCI_{i,j}$
			下部结构 $SBCI$	各部件 $SBCI_i$	各构件 $SBCI_{i,j}$
			桥面系 $BDCI$	各部件 $BDCI_i$	各构件 $BDCI_{i,j}$
	涵洞 CCI		各部件 CCI_i	—	—
	隧道 TCI		土建结构 $CECI$	各分项工程 $CECI_i$	—
			机电设施 $TECI$	各分项设施 $TECI_i$	—
			其他工程设施 $SECI$	各分项设施 $SECI_i$	—
	交通工程及沿线设施 FCI	交通安全设施 $TSCI$	各分项设施 $TSCI_i$	—	—
		机电设施 $MECI$	各分项设施 $MECI_i$	—	—
		管理服务设施 $MSCI$	各分项设施 $MSCI_i$	—	—
		绿化与环保设施 $GECI$	各分项设施 $GECI_i$	—	—

注:表中指标符号除现行有关标准规定的外,其余为作者暂定的符号。

4）等级评定标准

> 3.3.3 公路技术状况等级评定标准应符合表3.3.3的规定。路基、路面、桥涵、隧道、交通工程及沿线设施等基础设施的技术状况等级评定，应按行业现行有关标准的规定采用技术状况指数加控制指标的评定标准。

表3.3.3 公路技术状况等级评定标准

技术状况等级	优	良	中	次	差
公路技术状况指数 MQI	≥90	≥80，<90	≥70，<80	≥60，<70	<60

（1）公路技术状况等级评定标准

表3-5给出了公路技术状况等级的定性描述。本标准表3.3.3则提供了技术状况等级评定的定量指标，即根据公路技术状况指数 MQI，对公路技术状况等级进行评定，适用于路网、一条公路、一个路段或评定单元的技术状况等级评定。

（2）各类基础设施技术状况评定标准

当各类基础设施按单项工程进行技术状况评定时，技术状况等级评定按行业现行有关标准的规定，采用技术状况指数加控制指标的评定标准。所称控制指标，指涉及结构安全和交通安全的重要部件的指标，当检测指标突破控制指标时，技术状况等级下调或直接评定为最低。

①路基技术状况评定标准。

路基技术状况评定采用现行《公路路基养护技术规范》（JTG 5150）规定的评定标准。根据《公路路基养护技术规范》（JTG 5150—2020），路基及分项设施技术状况等级划分标准见表3-8。在符合表3-8规定的同时，还应当满足单项控制指标的要求，如检查发现存在路堤滑移、边坡坍塌、滑坡或结构物失稳等严重病害，影响车辆正常通行或威胁通行安全时，该路段或评定单元的路基技术状况等级直接评定为差，路基技术状况

指数 SCI 直接计为 0。

表3-8 路基及分项设施技术状况等级划分标准

技术状况等级	优	良	中	次	差
路基技术状况指数 SCI	≥90	≥80,<90	≥70,<80	≥60,<70	<60
分项设施技术状况指数 $VSCI$、$ESCI$、$SSCI$、$RSCI$、$DSCI$	≥90	≥80,<90	≥70,<80	≥60,<70	<60

注：$VSCI$ 为路肩技术状况指数；$ESCI$ 为路堤与路床技术状况指数；$SSCI$ 为边坡技术状况指数；$RSCI$ 为防护及支挡结构物技术状况指数；$DSCI$ 为排水设施技术状况指数。

②路面技术状况评定标准。

路面技术状况评定采用现行《公路技术状况评定标准》(JTG 5210)规定的评定标准。根据《公路技术状况评定标准》(JTG 5210—2018)，路面及分项技术状况等级划分标准见表3-9。

表3-9 路面及分项技术状况等级划分标准

技术状况等级			优	良	中	次	差
路面技术状况指数 PQI			≥90	≥80,<90	≥70,<80	≥60,<70	<60
分项指标	PCI	高速公路	≥92	≥80,<92	≥70,<80	≥60,<70	<60
		其他等级公路	≥90	≥80,<90	≥70,<80	≥60,<70	<60
	RQI	水泥混凝土路面	≥88	≥80,<88	≥70,<80	≥60,<70	<60
		沥青路面	≥90	≥80,<90	≥70,<80	≥60,<70	<60
	RDI、PBI、PWI、SRI、$PSSI$		≥90	≥80,<90	≥70,<80	≥60,<70	<60

注：PCI 为路面损坏状况指数；RQI 为行驶质量指数；RDI 为车辙深度指数；PBI 为路面跳车指数；PWI 为磨耗指数；SRI 为抗滑性能指数；$PSSI$ 为路面结构强度指数。

③桥梁技术状况评定标准。

桥梁技术状况评定采用现行《公路桥梁技术状况评定标准》(JTG/T H21)规定的评定标准。根据《公路桥梁技术状况评定标准》(JTG/T H21—2011)，桥梁及分部工程技术状况等级划分标准见表3-10。其中，分部工程分为上部结构、下部结构和桥面系等3项。在符合表3-10规定的同时，还应当满足单项控制指标的要求，如检查发现存在梁(板)断裂等危及交通安全和结构安全的严重病害,则整座桥梁技术状况等级直接评定为5类。

表3-10　桥梁及分部工程技术状况等级划分标准

技术状况等级	1类	2类	3类	4类	5类
桥梁技术状况指数	≥95	≥80,<95	≥60,<80	≥40,<60	<40
上部结构、下部结构和桥面系技术状况指数	≥95	≥80,<95	≥60,<80	≥40,<60	<40

④隧道技术状况评定标准。

隧道技术状况评定采用现行《公路隧道养护技术规范》(JTG H12)规定的评定标准。根据《公路隧道养护技术规范》(JTG H12—2015),隧道分为土建结构、机电设施和其他工程设施等3项分部设施。隧道土建结构、机电设施和其他工程设施技术状况等级划分标准分别见表3-11、表3-12和表3-13。

表3-11　隧道土建结构技术状况等级划分标准

技术状况等级	1类	2类	3类	4类	5类
土建结构技术状况指标	≥85	≥70,<85	≥55,<70	≥40,<55	<40

表3-12　隧道机电设施技术状况等级划分标准

技术状况等级	1类	2类	3类	4类
机电设施技术状况指标	≥97	≥92,<97	≥84,<92	<84

表3-13　隧道其他工程设施技术状况等级划分标准

技术状况等级	1类	2类	3类
其他工程设施技术状况指标	≥70	≥40,<70	<40

隧道技术状况等级采用土建结构和机电设施技术状况等级中的最低者。

隧道土建结构技术状况等级评定时,在符合表3-11规定的同时,还应当满足单项控制指标的要求,如检查发现洞口边仰坡、洞门结构、衬砌、路面、吊顶及预埋件等出现危及结构安全和交通安全的严重病害,则土建结构技术状况等级直接评定为5类。

隧道机电设施技术状况等级评定时,在符合表3-12规定的同时,还应当满足单项控制指标的要求,当任一关键设备的技术状况指标为各设备技术状况指标中的最低值时,所在分项设施技术状况指标即采用该设备的技术状况指标。

⑤交通工程及沿线设施技术状况评定标准。

行业标准《公路交通安全设施养护技术规范》和《公路机电设施养护技术规范》等正在制定中,在这些标准发布前,部分机电设施采用现行《公路隧道养护技术规范》(JTG H12)规定的机电设施技术状况评定标准,部分沿线设施采用现行《公路技术状况评定标准》(JTG 5210)规定的沿线设施技术状况评定标准。

(3)标准的采用

根据本条规定,结合现行有关标准规定及标准制定现状,公路及其各类基础设施技术状况等级评定标准的采用建议见表3-14。

表3-14　技术状况等级评定采用标准

评定对象		评定分项	采用标准
公路及路网		路基、路面、桥隧构造物、沿线设施	本标准,《公路技术状况评定标准》(JTG 5210)
单项工程	路基	路肩、路堤与路床、边坡、防护及支挡结构物、排水设施	《公路路基养护技术规范》(JTG 5150)
	路面	损坏状况、行驶质量、车辙深度、跳车指数、抗滑性能或磨耗指数、结构强度	《公路技术状况评定标准》(JTG 5210)
	桥梁	上部结构、下部结构和桥面系	《公路桥梁技术状况评定标准》(JTG/T H21)
	隧道	隧道土建结构、隧道机电设施	《公路隧道养护技术规范》(JTG H12)

续表 3-14

评定对象		评定分项	采用标准
单项工程	交通安全设施	各分项设施	《公路交通安全设施养护技术规范》(制定中)
	机电设施	各分项设施	《公路机电设施养护技术规范》(制定中)

3.4 检查与养护要求

1)路况检查

3.4.1 路况检查应按规定频率开展日常巡查、经常检查和定期检查,根据养护或应急需要开展专项检查和应急检查,并应符合下列规定:

1 日常巡查应掌握公路基础设施日常表观状态和使用情况,以及可能危及通行安全的病害、损毁及其他异常情况,为日常养护提供依据。

2 经常检查应排查和跟踪公路基础设施病害及隐患,为动态调整日常养护方案及养护重点提供依据。

3 定期检查应查明公路基础设施技术状况,为养护决策或动态调整公路养护年度计划等提供依据。

4 专项检查应查明公路基础设施技术状况、专项性能或病害情况,为养护决策、养护工程设计或制定相关养护对策等提供依据。

5 因突发事件造成公路基础设施损毁、交通中断或产生重大安全隐患时,应开展应急检查,为制定应急养护工程技术方案提供依据。

(1)实施要求

各类检查的实施要求如下:

①日常巡查、经常检查和定期检查:按规定频率开展,因而这三项检查均属于制度性安排和强制性要求。

②专项检查:根据专项需要而开展的所有检查,即除日常巡查、经常检查、定期检查和应急检查之外的检查,因公路养护需要的其他路况检查都可以按专项检查安排。

③应急检查:属于应急性检查,当公路基础设施突发损毁、交通中断或产生重大安全隐患时,要求及时赴现场进行检查。

④结构监测:主要针对特殊基础设施,即具有特殊重要性或特殊要求的基础设施工程结构,具体见本标准第3.4.2条的规定。

(2)日常巡查

日常巡查的目的,是及时掌握公路基础设施表观状态和使用情况,发现并及时处理可能危及通行安全的病害、损毁及其他异常情况,为日常养护提供依据。

所称表观状态,主要指巡查对象的整洁和完好情况;使用情况主要指巡查对象在公路运营中的功能发挥情况;危及通行安全的异常情况包括严重病害、损毁、落石和交通安全设施缺失等可能直接导致交通安全事故的情况。

在各类路况检查中,日常巡查最具有及早发现异常情况的机会,故对日常巡查特别赋予了发现可能危及通行安全的病害、损毁及其他异常情况的任务。

(3)经常检查

经常检查的目的,是排查和跟踪公路基础设施病害及隐患,为动态调整日常养护方案及养护重点提供依据。

经常检查要求在日常巡查的基础上,加大对公路基础设施病害及隐患排查和跟踪的力度,包括排查尚未发现的病害及隐患,跟踪日常巡查及前经常检查发现的病害及隐患。

(4)定期检查

定期检查的目的,是全面掌握公路基础设施技术状况,为养护决策或动态调整公路养护年度计划及养护工程项目库提供依据。

定期检查要求在经常检查的基础上,全面和定性地对公路基础设施技术状况进行检查及评定。

(5)专项检查

专项检查的目的,是根据养护需要查明公路基础设施技术状况、专项性能或病害情况等,为养护决策、养护工程设计或制定相关养护对策等提供依据。

专项检查的对象和检查内容根据养护需要确定。如养护决策时,要重点查明当前技术状况;养护工程设计时,要重点查明技术状况、专项性能及病害情况等;经监测或风险评估要求进行专项检查时,要重点查明有关专项性能或病害情况等。

(6)应急检查

应急检查的目的,是为制定应急养护工程技术方案提供依据。

应急检查即因突发事件造成公路基础设施损毁、交通中断或产生重大安全隐患时安排的应急性检查。

应急检查要求现场查明公路受损范围、基础设施损毁类型和程度、路段及路网通行条件、结构物承载能力和抗灾能力等。

(7)结构监测

3.4.2 对于一旦损坏将造成生命财产重大损失或产生重大社会影响、对变形及差异沉降有严格限制,以及存在高度安全风险的特殊基础设施,应进行结构监测,为结构损伤识别、技术状态评估及养护对策的制定等提供技术支持。

结构监测的目的,是实时获取结构局部和整体技术状态及其相关数据,为识别结构损伤及其位置、评估结构技术状态及其安全性、分析结构性能衰减规律、制定养护对策等提供数据支持。对于采用新技术和新工艺的特殊工程,结构监测还具有进一步验证设计理论和施工质量的作用。

本条对第3.1.2条提出的"特殊基础设施"进行了诠释,即特殊基础设施指具有特殊重要性或特殊要求的基础设施,包括一旦损坏将造成生命财产重大损失或产生重大社会影响的基础设施、对变形及差异沉降有严格限制的基础设施,以及存在高度安全风险的基础设施等。

(8)路况检查及评定体系

本标准第3.4.1和3.4.2条规定了不同频次和不同深度的一系列检查及评定要求,构成了完善的路况检查及评定体系,为持续跟踪和掌握公路基础设施使用情况和技术状况提供了保障。

①日常巡查、经常检查和定期检查分别按以日、月、年为时间单位的频率开展,检查内容按日常、经常和定期检查逐项深入。

②养护需要时开展专项检查。

③应急需要时开展应急检查。

④对特殊基础设施,进行连续性的结构监测。

路况检查及评定体系如图3-3所示。

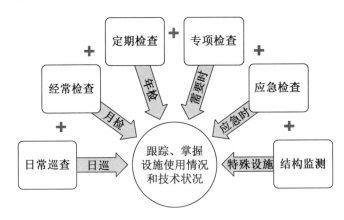

图3-3 路况检查及评定体系

各类路况检查重点和目的如图3-4所示。

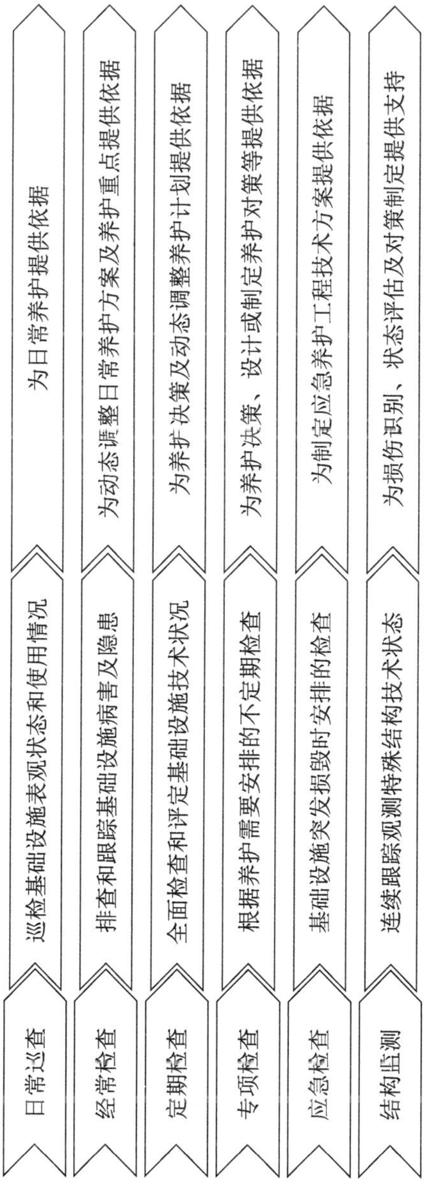

3 基本规定

检查类型	检查内容	目的
日常巡查	巡检基础设施表观状态和使用情况	为日常养护提供依据
经常检查	排查和跟踪基础设施病害及隐患	为动态调整日常养护方案及养护重点提供依据
定期检查	全面检查和评定基础设施技术状况	为养护决策及动态调整养护计划提供依据
专项检查	根据养护需要安排的不定期检查	为养护决策、设计或制定养护对策等提供依据
应急检查	基础设施突发损毁时安排的检查	为制定应急养护工程技术方案提供依据
结构监测	连续跟踪观测特殊结构技术状态	为损伤识别、状态评估及对策制定提供支持

图 3-4 路况检查重点和目的

2)日常养护

> 3.4.3 日常养护应符合下列规定：
> 1 日常保养应维护公路基础设施及设备整洁、完好和正常运行。
> 2 日常维修应对可能危及通行安全或迅速发展的局部病害和缺损及时修复或更换，保障公路正常使用。
> 3 危及通行安全的损毁不能通过日常维修及时修复时，应立即上报，并按本标准有关应急处置的规定采取相应的措施。

本条从日常保养、日常维修和应急处置3个方面规定了日常养护的主要任务和要求。

(1)日常保养：通过清除路基上的杂物和杂草，清除路面和桥面泥土、积沙、杂物、散落物、积水、积雪和积冰，疏通排水设施，以及清洁交通安全设施、保养机电设施和设备等，维护公路基础设施及设备整洁、完好和正常运行。

(2)日常维修：通过及时修复可能危及通行安全或迅速发展的局部病害和缺损，保障公路正常使用，如及时清除零星塌方、上边坡危石和碎落岩土，修补路面坑槽，修复或更换交通安全设施等。除此之外，还包括未纳入修复养护工程的部分小修工程，如局部加固路肩，填补坡面零星冲沟，处治路面局部裂缝和混凝土构件非结构性裂缝，修复结构物构件的局部缺损等。对于未列入日常养护计划的局部功能性病害，应当通过经常检查进行跟踪，只要不影响通行安全或发展缓慢，可以集中列入预防养护工程或修复养护工程计划。

(3)应急处置：对于危及通行安全的损毁，包括因突发事件造成的公路损毁，当损毁规模较小且在日常养护单位的处理能力范围内时，按本条第2款的规定，应当按日常维修及时修复。当损毁严重、规模较大，超出日常养护单位的处理能力时，应当立即上报，并按本标准有关应急处置的规定采取相应的措施。本标准有关应急处置的规定见第7.6.3条。

本标准所称及时,指在有利时机,当标准有规定时限时,即在规定的时限内。

3)养护工程

> 3.4.4 养护工程应符合下列规定:
> 1 在公路基础设施整体性能良好但出现轻微病害或隐患时,应通过实施预防养护工程,延缓其性能衰减,延长使用寿命。
> 2 当公路基础设施出现明显病害或部分丧失服务功能时,应通过实施修复养护工程,使其恢复良好技术状况。
> 3 当需集中实施提升或恢复公路基础设施服务功能的工程时,应按专项养护工程组织实施。
> 4 当因突发事件造成公路基础设施损毁、交通中断或产生重大安全隐患时,应在应急检查的基础上组织实施应急养护工程,恢复公路安全通行。

(1)预防养护工程

预防养护工程主要适用于基础设施整体性能良好但有轻微病害或隐患的阶段,其特点是预先实施、主动防护,主要目的是延缓性能过快衰减、延长使用寿命。

需要指出的是,预防养护和预防养护工程是两个不同的概念。

预防养护是一种积极、主动、事前作为的养护理念。预防养护根据其内涵可以分为存在隐患时的病前预防、出现轻微病害时的早期治理两级。病前预防,指存在促使或引起病害发生的条件,或病害一旦发生将致损失扩大的条件时,通过采取削减或消除隐患等病前预防措施,提高抗病能力,延缓病害的发生;早期治理,指基础设施已经出现轻微病害时,通过主动防护和治理,延缓性能衰减和病害发展,避免并发其他病害。

根据本标准第2.0.9条的定义,预防养护工程指为延缓性能过快衰减、延长使用寿命而预先实施的主动防护等工程。根据本标准第3.1.4条的规定,预防养护工程应当按计划组织设计,依据设计及相关技术文件组织施工及验收。即预防养护工程是将主动防护等工程在一段时间内集中形成一定的规模,并按照工程项目管理程序组织实施。

在实际工作中,预防养护理念及其工程措施应当适用于各类基础设施的养护,但不是每项预防养护措施都具有工程项目的规模,只有当其具备工程项目条件时才按照预防养护工程立项并组织实施。

(2)修复养护工程

修复养护工程主要适用于基础设施已经出现明显病害或部分丧失服务功能的阶段,主要目的是恢复基础设施良好的技术状况。

根据基础设施病害严重程度和构件缺损情况,修复养护工程主要工程措施包括功能性修复、结构性修复和定期更换等。

根据《公路养护工程管理办法》(交公路发〔2018〕33号),修复养护工程包括小修、中修和大修。

(3)专项养护工程

专项养护工程主要适用于基础设施服务功能已经不能满足交通需求和安全要求,或不能适应环境条件的变化等情况,目的是提升或恢复公路基础设施服务功能。其中,提升是主要目的,恢复主要体现于灾后恢复工程。

专项养护工程的主要技术措施根据需求和目的确定。当为提升局部路段、路线交叉或某项设施通行能力、安全性能、结构承载能力或抗灾能力时,主要采取完善增设和加固改造等工程措施;当为灾后恢复工程时,主要采取修复、加固或拆除重建等工程措施。

专项养护工程与改扩建工程的主要区别在于前者主要以提升或恢复局部路段或单项基础设施的服务功能为目的,且限制在原公路用地范围内；后者则以提升公路全线或较长路段的通行能力为主要目的，涉及增加车道，工程超出原公路用地范围，且采用类似于新建工程的建设程序。

（4）应急养护工程

应急养护工程主要适用于公路基础设施因突发事件造成损毁、交通中断或产生重大安全隐患的情况，主要目的是较快恢复安全通行。

应急养护工程包括抢通、保通和抢修等，具有针对突发事件的应急性特征。通过应急养护未能使公路恢复到原服务功能和技术标准时，尚需按专项养护工程组织实施灾后恢复工程。

（5）公路病害防治体系

针对公路基础设施病害发展、性能及功能衰减的不同阶段，以及功能提升或应急抢通等需求，本标准第 3.4.3 和 3.4.4 条规定了日常养护、预防养护工程、修复养护工程、专项养护工程和应急养护工程等，构成了完善的公路病害防治体系，结合养护决策要求，为完成"精准施策、综合养护"任务提供了保障。

养护工程实施时机、主要措施和目标如图 3-5 所示，基础设施性能变化与养护之间的关系示意如图 3-6 所示。

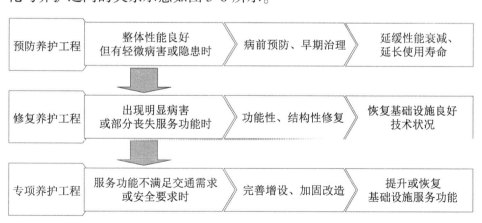

图 3-5　养护工程实施时机、主要措施和目标

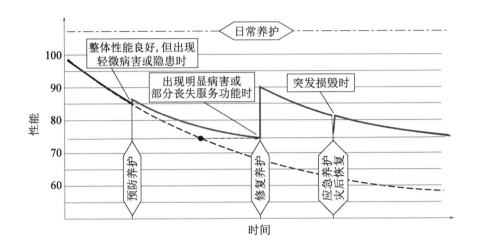

图 3-6 基础设施性能变化与养护之间的关系示意图

4）养护分类前后对照

《公路养护技术规范》(JTG H10—2009)将公路养护分为小修保养、中修工程、大修工程和改建工程4类。

本次修订后，公路养护分为日常养护和养护工程两大类。其中，日常养护包括日常保养和日常维修；养护工程分为预防养护、修复养护、专项养护和应急养护工程。

修订前后养护分类对照见表3-15。

养护分类修订前后的关系如下：

（1）修订后的日常保养即原小修保养中的保养部分，日常维修为原小修保养中的部分小修工程，主要针对可能危及通行安全或迅速发展的局部病害和缺损，需及时实施的小修工程，且多为零星工程。

（2）修订后列入修复养护工程的小修主要为对安全影响较小或发展较慢，且具一定规模，可按工程项目管理程序集中实施的部分。中修对应于原中修工程，大修基本为原大修工程。

3 基本规定

表 3-15 修订前后养护分类对照表

序号	修订前分类（JTG H10—2009）			序号	修订后分类（JTG 5110—2023）		
	养护分类	对象	目的		养护分类	对象	目的
1	小修保养	全部设施的经常性维护保养，轻微损坏部分的修复	维护整洁、完好和正常运行，保障正常使用	1	日常养护	日常保养	全部设施的日常维护保养	维护整洁、完好和正常运行
						日常维修	危及安全或影响正常迅速发展的局部轻微病害	保障正常使用
				2	预防养护工程	整体性能良好但有轻微病害及隐患	延缓性能衰减、延长使用寿命
2	中修工程	一般性损坏部分	恢复原技术状况	3	修复养护工程	小修	安全影响较小或发展较慢的微病害	恢复原技术状况
3	大修工程	较大损坏部分	全面恢复原技术标准			中修	出现明显病害或部分丧失服务功能	
—	防灾工程					大修	不满足服务功能要求或设施线形不能满足建设时，不再列入养护范畴	
4	改建工程	不适应交通量增长和荷载需要的公路或路段	提高技术等级和通行能力	4	专项养护工程	不满足服务功能要求或设施段全线不能满足时，转改建工程，不再列入养护范畴（公路全线不能满足建设时，不再列入养护范畴）	提升或恢复服务功能
—	—	突发事件	突发事件处置	5	应急养护工程	因突发事件造成损毁或产生重大安全隐患的设施	较快恢复安全通行

45

(3)修订后的专项养护工程包含原改建工程中的一部分和原防灾工程。原改建工程中,以提升或恢复局部路段、路线交叉或基础设施服务功能为目的,且限制在原公路用地范围内的工程列入专项养护工程;以提升公路全线或较大路段通行能力为目的,工程超出原公路用地范围,且采用类似于新建工程建设程序的另一部分则划入改扩建工程,不再列入养护工程范畴。

3.5 养护质量要求

1)定性要求

> 3.5.1 公路基础设施养护质量应符合下列规定:
> 1 路基应完好整洁,路堤及地基、边坡及结构物稳定,排水设施完善、排水通畅。
> 2 路面应完好整洁,使用性能满足安全通行要求,排水设施完善、排水通畅。
> 3 桥涵应外观整洁,各类部件、构件齐全完好,结构功能和性能满足安全使用要求,基础无冲蚀,排水设施完善、排水通畅。
> 4 隧道土建结构应完好整洁,衬砌、洞门及洞口结构功能和性能满足安全使用要求,排水设施完善、排水通畅,机电设施应齐全完好、工作可靠。
> 5 交通工程及沿线设施的各分项设施应齐全完好、功能正常,各类设备应齐全完好、工作可靠。

本条提出了公路基础设施养护质量的定性要求,即通过日常养护和实施养护工程,使基础设施在外观、性能、功能和工作运行等方面,满足"经常处于良好技术状态"的要求,同时满足本标准、国家和行业现行强制性标准有关公路养护质量的技术要求。

2)定量要求

(1)路网级养护质量定量要求

3.5.2 公路及路面养护质量应满足表3.5.2规定的技术状况质量要求。

表3.5.2 公路及路面技术状况质量要求

公路技术等级	公路技术状况			路面技术状况		
	MQI	优等路率	优良路率	PQI	优等路率	优良路率
高速公路	≥90	≥90%	—	≥90	≥88%	—
一、二级公路	≥85	—	≥85%	≥80	—	≥80%
三、四级公路	≥80	—	≥80%	≥80	—	≥75%

注:1. MQI 为公路技术状况指数;PQI 为路面技术状况指数。
2. 优等路率指技术状况等级为优的里程与总评定里程的百分比。
3. 优良路率指技术状况等级为优、良的里程之和与总评定里程的百分比。

表3.5.2为路网或一条公路的养护质量定量要求,即通过日常养护和实施养护工程,养护管理范围内的路网或一条公路,公路总体和路面同时应当达到的技术状况指数的最低要求。当为路网级时,应当同时考虑优等路率或优良路率这一指标。

考虑路面在公路安全运营中的作用和指标体系中的权重,以及国内路面养护的实际情况,除公路技术状况指标外,路面技术状况指标亦列为养护质量的另一衡量指标。

表3.5.2中的 MQI 和 PQI,分别为公路养护管理范围内的路网或一条公路的公路总体和路面总体技术状况指数,按本标准第4章的有关规定经检查评定获得。

本标准所称路网级,指以养护管理范围或一定区域内多条公路为对象的检查、评定和养护决策级别。

【例】某养护管理单位所辖高速公路共6个路段,总长500km,各路段里程和评定得到的技术状况指标见表3-16。请核算该辖区内高速公路及路面的养护质量是否完全满足规定的技术状况质量要求。

表 3-16 各路段里程和技术状况指标

路段名称		路段 A	路段 B	路段 C	路段 D	路段 E
各路段里程(km)		165	135	120	45	35
技术状况指标	公路 MQI	94	92	95	88	91
	路面 PQI	92	91	93	86	88

【解】公路总体 MQI 和 PQI 按路段长度加权平均计算，优等路率按优的里程与总里程的占比计算，即：

公路总体 $MQI = (94 \times 165 + 92 \times 135 + 95 \times 120 + 88 \times 45 + 91 \times 35)/500 = 93$；

公路优等路率 $= (165 + 135 + 120 + 35)/500 = 91\%$；

路面总体 $PQI = (92 \times 165 + 91 \times 135 + 93 \times 120 + 86 \times 45 + 88 \times 35)/500 = 91$；

路面优等路率 $= (165 + 135 + 120)/500 = 84\%$。

根据上述计算结果，对照表 3.5.2 的规定，该辖区内高速公路的路面优等路率小于规定的最小值，不满足要求；其余指标满足规定的技术状况质量要求。

(2) 项目级养护质量定量要求

对于项目级的养护质量要求，主要体现在本标准有关养护决策的条文中。本标准第 5.2.2 条提出的养护阈值，即评定单元技术状况指标的容许最低值。当评定单元技术状况指数小于养护阈值时，要求启动养护工程，且实施养护工程后的技术状况应当满足本标准第 5.1.3 条提出的养护质量目标要求。

由于一条公路的技术状况指数是由各评定单元的技术状况指数加权评定得到，公路总体技术状况指数满足了养护质量要求，并不意味着每个单元的技术状况指数都满足了要求，但也不能任由个别单元的技术状况指数太低，否则会影响公路通行安全和总体养护质量。养护阈值的设立，就是要控制每个单元的最低质量,从而使公路通行安全和总体养护质量能得到保障。

本标准所称项目级,指以一条路、局部路段或某基础设施等的养护工程项目为对象的检查、评定和养护决策级别。

(3)质量要求制定依据

本标准有关公路及路面养护质量要求的制定依据主要包括:

①本标准"公路基础设施经常处于良好技术状态"的总要求。

②在总结《"十三五"公路养护管理发展纲要》贯彻实施经验的基础上,交通运输部《"十四五"公路养护管理发展纲要》进一步就公路养护质量目标提出了明确要求,公路优等路率和优良路率要求见表3-17。其中,普通国道的 MQI 最低优良路率由"十三五"的80%上调到了85%,表明我国公路养护质量总体呈上升趋势。

表3-17 "十四五"公路优等路率和优良路率要求

公路技术等级	公路技术状况 MQI		路面技术状况 PQI	
	优等路率	优良路率	优等路率	优良路率
高速公路	≥90%	—	≥88%	—
普通国道	—	≥85%	—	≥80%
普通省道	—	≥80%	—	≥75%

③天津和山西等地有关高速公路养护的地方标准或管理规定要求,高速公路总体、路面、路基、桥隧构造物和沿线设施技术状况等级达到良及良以上,部分指标要求达到优。

④编制组根据全国路况统计资料,对本标准提出的养护质量标准进行了分析验证。收集分析了某年度全国31个省(区、市)共80.32万km的各级公路技术状况评定资料,其中高速公路26.95万km,一级公路14.31万km,二级公路24.11万km,三级公路8.51万km,四级公路6.44万km。经统计,高速公路和普通国省道路网级技术状况等级的省(区、市)分布分别如图3-7和图3-8所示。统计资料表明,绝大多数省(区、市)

的高速公路能满足本标准规定的技术状况等级为优的养护质量要求,普通国省道能满足本标准规定的技术状况等级为良及以上的养护质量要求。

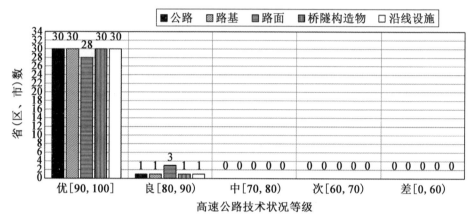

图 3-7　高速公路路网级技术状况等级省(区、市)分布

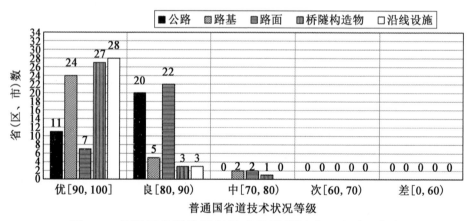

图 3-8　普通国省道路网级技术状况等级省(区、市)分布

3)施工质量要求

3.5.3　养护工程施工质量应达到合格等级,并应满足设计文件和工程合同有关质量验收标准的要求。

3 基本规定

根据本标准第8章的有关规定,养护工程施工质量检验评定等级分为合格与不合格两级。本条规定公路养护工程施工质量应达到合格等级的要求。

养护工程施工质量合格是标准规定的最低要求,在实际应用中,鼓励在工程合同或设计文件中提出高于标准规定的质量验收标准,故本条规定应同时满足设计文件和工程合同有关质量验收标准的要求。

第1~3章小结

(1)内容小结

本标准第1章规定了标准编制目的和适用范围,明确了公路养护总任务、总要求和养护方针,强调了环境保护、安全和质量管理要求,提出了提升公路养护数字化和智能化水平的任务要求。

第2章给出了为理解本标准中某些术语所必需的定义。规范了各类路况检查和养护工程的术语与定义。

第3章规定了公路养护主要工作,明确了公路养护对象和技术状况等级,提出了路况检查、日常养护、养护工程和养护质量的基本要求。

第1、3章的主要内容,构成了公路养护二维技术体系,结合后面各章的技术规定,展示了公路养护技术标准的框架。

(2)公路养护技术体系

本标准第3.1.1条规定的公路养护主要工作和第3.2节规定的养护对象,形成了纵、横两条主线,加上第3.1.5条规定的贯穿全过程的文件和数据管理,共同构成了公路养护的二维技术体系,如图3-9所示。

图3-9中,任意一条横线或纵线都可以构成一个子系统。如从路基出发的一条横线,涵盖路基的检查及评定、养护决策、养护工程设计、养护作业及质量控制与验收等,形成路基养护技术子系统及其标准的主要内容;再如从检查及评定出发的一条纵线,涵盖路基检查及评定、路面检查及评定、桥涵检查及评定、隧道检查及评定、交通工程及沿线设施检查及评定等,形成公路技术状况检查及评定子系统及其标准的主要内容。

养护对象	公路养护主要工作				
	检查及评定	养护决策	养护工程设计	养护作业	养护质量控制与验收
路基	路基检查及评定	路基养护决策	路基养护工程设计	路基养护作业	路基养护质量控制与验收
路面	路面检查及评定	路面养护决策	路面养护工程设计	路面养护作业	路面养护质量控制与验收
桥涵	桥涵检查及评定	桥涵养护决策	桥涵养护工程设计	桥涵养护作业	桥涵养护质量控制与验收
隧道	隧道检查及评定	隧道养护决策	隧道养护工程设计	隧道养护作业	隧道养护质量控制与验收
交通工程及沿线设施	交通工程及沿线设施检查及评定	交通工程及沿线设施养护决策	交通工程及沿线设施养护工程设计	交通工程及沿线设施养护作业	交通工程及沿线设施养护质量控制与验收
	全过程文件和数据管理				

图 3-9 公路养护二维技术体系

(3)标准内容的逻辑架构

本标准内容针对第1.0.3条和1.0.8条提出的三项总任务,以养护任务及其技术要求为主线,逐步深入,直至达成共同的公路养护目标,具体如下:

①第1项总任务"持续跟踪和掌握公路基础设施使用情况和技术状况",在第3章分解为日常巡查、经常检查、定期检查、专项检查和结构监测及相关评定等,共同构成了完善的路况检查及评定体系。在接下来的第4章,将给出路况检查及评定的具体技术要求。

②第2项总任务"精准施策、综合养护",在第3章分解为养护决策、日常养护、预防养护工程、修复养护工程、专项养护工程和应急养护工程等,共同构成了完善的公路病害防治体系。在接下来的第5~8章,将针对第2项总任务的实施,给出养护决策、养护工程设计、养护作业、质量控制与验收等具体的技术要求。

③第3项总任务"推进公路养护数字化和智能化改造",在第3章结合实际情况,具化为收集、管理并充分利用各环节形成技术文件和数据,推进养护管理信息系统建设与应用。在接下来的第9章,将给出技术文件和数据管理、公路养护管理信息系统建设的具体技术要求。

④公路养护目标由总目标、养护质量要求和养护决策目标构成。总目标即第1.0.3条提出的"使公路基础设施经常处于良好技术状态",在第3.5节进一步展开为公路养护质量定性要求、路网级定量要求,第5章提出的公路养护决策目标和养护阈值等,同时也是项目级的养护质量要求。

养护任务、技术要求和养护目标分别回答了公路养护技术工作要做什么、怎么做、做到什么程度这3个根本性问题,构成了本标准内容的逻辑架构,如图3-10所示。

为便于掌握和查阅本标准的基本内容,特将公路养护任务、技术要求、养护目标及对应章节列于表3-18。

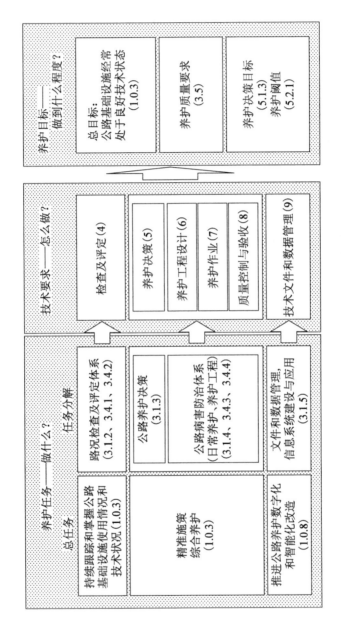

图 3-10 本标准内容的逻辑架构

表3-18 公路养护任务、技术要求、养护目标及对应章节

项目		内容及章、节、条号			
养护任务	总任务	持续跟踪和掌握公路基础设施使用情况和技术状况(1.0.3)	精准施策、综合养护(1.0.3)		推进公路养护数字化和智能化改造(1.0.8)
	任务分解	路况检查及评定体系(3.1.2、3.4.1、3.4.2)	公路养护决策(3.1.3) 公路病害防治体系(3.1.4、3.4.3、3.4.4)		文件和数据管理与应用(3.1.5)
技术要求	检查及评定(4)	养护检查等级(4.2)	养护决策(5)	决策目标(5.1)	管理职责(9.1)
				养护需求分析(5.2)	
				方案决策分析(5.3)	
		日常巡查(4.3)	养护工程设计(6)	设计标准(6.1)	文件管理(9.2)
		经常检查(4.4)		预防养护工程(6.2)	
				修复养护工程(6.3)	
		定期检查(4.5)		专项养护工程(6.4)	
				交通组织方案(6.5)	技术文件和数据管理(9)
		应急检查(4.6)	养护作业(7)	日常养护(7.2)	
				养护工程(7.3)	数据管理(9.3)
		技术状况评定(4.7)		作业安全(7.4)	
				环境保护(7.5)	
		专项检查及评定(4.8)		应急处置(7.6)	
			质量控制与验收(8)	质量检验评定(8.2)	养护管理信息系统(9.4)
		结构监测(4.9)		施工质量控制(8.3)	
				施工质量验收(8.4)	
养护目标	总目标	公路基础设施经常处于良好技术状态(1.0.3)			
	质量要求	定性和定量要求(3.5)			
	决策目标	质量目标和投资效益目标(5.1.3)			
	养护阈值	养护阈值(5.2.1)			

4 检查及评定

4.1 一般规定

1)检查频率的确定

> 4.1.1 日常巡查、经常检查和定期检查频率应根据检查类型、检查对象及其养护检查等级,结合气象条件等确定。

根据本标准第3.4.1条的规定,日常巡查、经常检查和定期检查按规定频率开展。路况检查频率的确定,以检查类型、检查对象和养护检查等级为主要依据,同时考虑气候条件等因素。其中,检查类型指日常巡查、经常检查和定期检查;检查对象包括基础设施类型及其技术状况等;养护检查等级指为指导路况检查周期及养护资源投入等养护工作安排而对基础设施划分的级别,旨在为公路养护提供差异化标准,养护检查等级越高,要求的检查频率也越高;所称结合气象条件,即同时还要考虑灾害天气条件下的检查要求等。

2)路况检查方法

> 4.1.2 路况检查宜采用自动化、信息化及便携式检测设备,也可采用人工调查与仪器和工具量测相结合的方法。

本条提倡路况检查采用自动化、信息化及便携式检测设备。

在各类自动化和信息化路况检测设备中,我国路面自动化及快速检测技术和设备相对成熟,应用较为广泛,并已形成了技术标准,如《多功能路况快速检测设备》(GB/T 26764)和《公路路面技术状况自动化检测规程》(JTG/T E61)等。根据《多功能路况快速检测设备》(GB/T 26764—2024)的规定,多功能路况快速检测设备具有指标同步检测功能,包括路面病害自动定位和地理位置信息采集,自动检测并存储相关信息,通过信息处理获得路面损坏、路面平整度、路面车辙深度、路面构造深度数据和图像等,其检测项目能满足路面技术状况评定、路面管理系统及日常养护管理需要。

近年来,我国新一代公路检测技术和设备的研发与应用得到了快速发展,如具备智能终端的自动巡查车、基于无人机+5G(第五代移动通信技术)的智能巡查设备等已得到成功应用,部分省(区、市)已实现了利用移动终端实时录入现场检测获得的数据,并实时传入管理中心数据库。因此,采用自动化、信息化及便携式检测设备是路况检查技术发展的必然趋势。

实际工作中,路况检查因检查目的、检查项目、技术要求和装备条件等不同,其方法也会有所不同,且全面推广和应用新技术及新设备需有一定的过程,因此本条同时提出也可采用人工调查与仪器和工具量测相结合的方法。

3) 记录及数据录入要求

> 4.1.3 路况检查应现场填写日常巡查日志或各类检查记录。建有数据库时,检查数据应及时传入或录入数据库。

现场填写日志或检查记录是日常巡查和其他各类检查的基本工作要求。检查数据实时传入数据库的要求,系针对采用信息化检测设备或移动终端检查,并与数据库联网的情况。对于人工调查和量测的情况,一般采用人工录入数据库的方式,有数字化记录时,也可以采用从磁盘批量导入数据库的方式。

4.2 养护检查等级

1)路基、路面、交通工程及沿线设施

4.2.1 路基、路面、交通工程及沿线设施养护检查等级,宜按表4.2.1规定的划分标准,结合公路功能和交通量确定。技术状况等级为中的路段,表列Ⅱ、Ⅲ级应各提高一级;技术状况等级为次、差的路段,养护检查等级应采用Ⅰ级。

表4.2.1 路基、路面、交通工程及沿线设施养护检查等级划分标准

养护检查等级	Ⅰ级	Ⅱ级	Ⅲ级
公路技术等级	高速公路、一级公路	二级公路	三、四级公路

表4.2.1是路基、路面、交通工程及沿线设施养护检查等级的总体划分标准,以公路技术等级作为主要划分依据。对于某些特定对象,公路技术等级尚难全面体现其重要程度,例如二级公路作为干线公路且交通繁忙时,与作为集散公路的二级公路相比,其重要程度无疑更高,部分设施的养护检查等级也有提高的必要。故规定养护检查等级尚需结合公路功能和交通量确定。

另一方面,养护检查等级的确定,还应当考虑检查对象最近一次检查所评定的技术状况等级,当技术状况等级为中及以下时,应当按本条规定在表4.2.1规定的划分标准基础上,提高养护检查等级。

2)桥涵

4.2.2 桥涵养护检查等级划分标准宜符合表4.2.2的规定。技术状况等级为3类时,表列Ⅱ、Ⅲ级应各提高一级;技术状况等级为4类时,养护检查等级应采用Ⅰ级。

表4.2.2 桥涵养护检查等级划分标准

养护检查等级	Ⅰ级	Ⅱ级	Ⅲ级
高速公路,一、二级公路	$L_k>150m$的特大桥,特殊结构桥梁	$L_k\leq150m$的特大桥,大桥、中桥、小桥	涵洞
三、四级公路	$L_k>150m$的特大桥,特殊结构桥梁	$L_k\leq150m$的特大桥,大桥	中桥、小桥、涵洞

注：L_k为桥梁单孔标准跨径。

桥梁养护检查等级以公路技术等级和桥梁规模为主要划分依据。单孔跨径小于或等于150m的特大桥,从检查和养护角度与一般大桥无明显区别,故表4.2.2将单孔跨径大于150m的特大桥列为Ⅰ级,小于或等于150m的特大桥则列入Ⅱ级。

本条未对技术状况等级为5类时做出规定,是因为技术状况等级为5类时,桥梁基本处于禁止通行、待加固或重建状态。

3) 隧道土建结构

4.2.3 隧道土建结构养护检查等级宜按表4.2.3规定的划分标准,结合交通量、使用年限和气候条件等确定。技术状况等级为3类或为水下隧道时,表列Ⅱ、Ⅲ级应各提高一级；技术状况等级为4类时,养护检查等级应采用Ⅰ级。

表4.2.3 隧道土建结构养护检查等级划分标准

养护检查等级	Ⅰ级	Ⅱ级	Ⅲ级
高速公路、一级公路	特长、长、中隧道	短隧道	—
二、三、四级公路	特长隧道	长、中隧道	短隧道

本条仅规定了隧道土建结构养护检查等级划分标准,同样适用于隧道其他工程设施。

表4.2.3规定的养护检查等级按公路技术等级和隧道规模划分,根据本条规定,还应结合交通量、使用年限和气候条件等确定。

(1)结合交通量确定

①高速公路和一级公路。

表4.2.3所列高速公路和一级公路养护检查等级划分标准,系按每车道交通量大于或等于10 001pcu/(d·ln)的条件确定。按照行业有关标准的规定,高速公路和一级公路设计服务水平不低于三级。根据报批中的行业标准《公路通行能力规范》,可得出高速公路和一级公路服务水平为三级时,基准条件下每车道设计通行能力,见表4-1和表4-2。

表4-1 高速公路基准条件下每车道设计通行能力

设计速度(km/h)	120	100	80	60
自由流速度(km/h)	110	100	90	80
设计通行能力[pcu/(h·ln)]	1 650	1 600	1 500	1 350
年平均日交通量[pcu/(d·ln)]	16 500	16 000	15 000	13 500

表4-2 一级公路基准条件下每车道设计通行能力

设计速度(km/h)	100	80	60
自由流速度(km/h)	100	90	70
设计通行能力[pcu/(h·ln)]	1 400	1 250	1 200
年平均日交通量[pcu/(d·ln)]	14 000	12 500	12 000

由于高速公路和一级公路的横断面组成基本满足通行能力分析时的基准条件,故表列年平均日交通量可视为最大服务交通量。

由表4-1和表4-2可看出,设计服务水平下的高速公路和一级公路每车道最大服务交通量均超过10 001pcu/(d·ln)。因此,在多数情况下,高速公路和一级公路符合本标准表4.2.3的交通条件,其养护检查等级直接采用表列划分标准。当每车道交通量小于10 001pcu/(d·ln)时,部分养护检查等级按本条规定可调低,其调整标准按现行《公路隧道养护技术规范》(JTG H12)执行,例如每车道交通量为6 000pcu/(d·ln)时,中隧道可调整至Ⅱ级。

②二、三、四级公路。

表4.2.3所列二、三、四级公路养护检查等级划分标准,系按双向交通量大于或等于10 001pcu/d的条件确定。按照行业有关标准的规定,二、三、四级公路设计服务水平不低于四级。根据报批中的行业标准《公路通行能力规范》,可得出二、三、四级公路服务水平为四级时的双向最大服务交通量,见表4-3。

表4-3 二、三、四级公路双向最大服务交通量

公路技术等级	二级公路		三级公路		四级公路	
设计速度(km/h)	80	60	40	30	30	20
设计通行能力(pcu/h)	1 800	1 200	1 000	850	850	850
车道宽度(m)	3.75	3.50	3.50	3.25	3.25	3.00
硬路肩宽度(m)	1.50	0.75	0.25	0.00	0.00	0.00
车道和右路肩修正系数	1.15	0.92	0.68	0.58	0.58	0.50
方向分布修正系数	1.00	1.00	1.00	1.00	0.92	0.92
路侧干扰修正系数	0.94	0.94	0.94	0.94	0.89	0.79
最大服务交通量(pcu/h)	1 945.8	1 037.8	639.2	463.4	403.7	308.9
设计小时交通量系数	0.11	0.11	0.11	0.11	0.12	0.12
年平均日交通量(pcu/d)	17 689	9 434	5 811	4 213	3 364	2 574

注:1. 设计速度80km/h、60km/h、40km/h和30km/h对应的设计通行能力分别为禁止超车路段比例为<30%、30%~70%和≥70%条件下的取值。

2. 设计速度为40km/h时,考虑了车道两侧各增加0.25m的侧向余宽。

由表4-3可看出,在设计服务水平下,换算为年平均日交通量的最大服务交通量分别为二级公路9 434~17 689pcu/d、三级公路4 213~5 811pcu/d、四级公路2 574~3 364pcu/d。通过进一步分析可以认为,多数情况下,二级公路符合制定本标准表4.2.3的交通条件,其养护检查等级可以直接采用表列划分标准;三、四级公路则按本条规定可以适当下调,根据《公路隧道养护技术规范》(JTG H12—2015)和三、四级公路可能的交通量,一般情况下,

三级公路可以采用该规范表3.1.1-2中对应于5 001~10 000pcu/d的分级标准,四级公路可以采用该规范表3.1.1-2中对应于小于或等于5 000pcu/d的分级标准,按此调整后,三、四级公路隧道土建结构养护检查等级见表4-4。

表4-4　三、四级公路隧道土建结构养护检查等级

养护检查等级	Ⅰ级	Ⅱ级	Ⅲ级
三级公路	—	特长、长隧道	中、短隧道
四级公路	—	特长隧道	长、中、短隧道

(2)结合使用年限确定

使用年限过长的隧道,对检查频率及养护资源投入等的要求会有所提高,故养护检查等级在表4.2.3规定的基础上可以适当提高。

使用年限较短的隧道,交通量一般较低,如前所述,当交通量低于制定本标准表4.2.3的交通条件时,养护检查等级在表4.2.3规定的基础上可以适当调低。

(3)结合气候条件确定

结合气候条件确定,重点考虑对隧道结构和通行有明显影响的气候条件,在该类气候条件下,对养护检查应当有更高的需求,如位于高寒地区的公路隧道,养护检查等级可以在表4.2.3规定的基础上适当提高。

4.3　日常巡查

1)日常巡查内容

4.3.1　日常巡查应包括日间巡查和夜间巡查,并应包括下列内容:

1　日间巡查:路基、路面、桥面系、隧道土建结构及其他工程设施、交通安全设施、机电设施、绿化与环境保护设施等是否完好整洁、使用正常,是否存在影响安全的病害、缺损及其他异常情况,路侧是否存在遮挡标志和安全视距的植物和设施等。

2　夜间巡查:标志、标线和轮廓标等的夜间视认性是否满足使用要求,照明设施是否齐全完好、工作正常。

日常巡查的主要任务是对公路基础设施表观状态和使用情况等进行巡视检查,包括在白天和夜间的功能状况,故在日间巡查的基础上,还需安排夜间巡查。

(1)日间巡查

日间巡查对象包括路基、路面、桥面系、隧道土建结构、排水设施、机电设施、交通安全设施和绿化等。当日间巡查采用车行观察方式时,基础设施的巡查范围主要为车行观察中目所能及的范围。各类基础设施的巡查重点包括下列几个方面:

①表观状态,即巡查对象是否完好整洁。

②使用情况,即巡查对象是否使用正常。

③安全状况,即巡查对象是否存在影响通行安全的异常情况,包括是否存在影响通行安全的病害和缺损、标志和安全视距范围是否被遮挡等。

根据本条第1款的规定,结合行业现行有关标准的规定,各类基础设施日间巡查的主要内容见表4-5,供标准使用者参考。

表4-5 日间巡查主要内容

基础设施类型		主要巡查内容
路基	路肩	是否存在缺损、杂草和杂物等
	路堤	是否存在沉陷、翻浆和冻胀等
	边坡	是否存在冲刷、缺口、坍塌、杂草和杂物,上边坡是否存在危石和碎落崩塌等
	防护及支挡结构物	是否存在明显破损和变形等
	排水设施	是否破损和存在堵塞物等。灾害天气的巡查还包括排水系统排水是否通畅等
	公路建筑控制区	是否存在影响公路运行安全的异常情况
路面		是否存在积水、积雪、积冰、泥土、积沙、杂物和散落物等
		沥青路面是否存在坑槽、沉陷、拥包和明显裂缝等
		水泥混凝土路面是否存在坑洞、破板、明显错台和接缝损坏等

63

续表 4-5

基础设施类型		主要巡查内容
桥梁	桥面铺装	是否存在积水、积雪、积冰、泥土、积沙、杂物和散落物,是否存在明显破损等
		是否存在明显破损,路桥连接处是否存在异常等
	伸缩装置	是否存在明显破损,伸缩装置位置的桥面系是否存在异常等
	栏杆或护栏	是否存在明显破损和缺失等
	上部结构	是否存在异常振动、摆动和声响等
隧道	土建结构	边仰坡是否存在危石和碎落崩塌,洞口有无挂冰等
		洞门结构是否存在明显开裂、砌体断裂和脱落等
		衬砌是否存在明显开裂、变形和砌体掉块等
		隧道路面是否存在泥土、积沙、杂物和散落物,是否存在明显破损等
		是否存在地下水涌流、喷射、路面涌泥沙或大面积严重积水等
	机电设施	供配电设施是否存在明显破损、异常声响、发热、气味和放电等
		通风和照明设施是否齐全完好、工作是否正常等
		监控、通信和消防设施是否存在异常
	其他工程设施	各类设施是否整洁,是否存在明显缺损和变形等
交通安全设施	交通标志	标志板和支撑件是否存在明显变形和缺损,版面是否清晰等
	交通标线	是否存在明显破损、缺失和污染等
	护栏和栏杆	是否存在明显变形和缺失
	防撞桶和防撞垫	是否存在损坏和缺失
	视线诱导设施	是否存在缺失、不连续
	防眩设施	是否存在缺失、明显倾斜和变形
	隔离栅和防落网	围封是否严实,构件是否存在缺失

续表 4-5

基础设施类型		主要巡查内容
交通安全设施	避险车道	制动床表面是否平整、是否有车辆,端部是否损坏,设施是否存在缺损
	其他安全设施	防风栅、防雪栅、积雪标杆、限高架和凸面镜等是否存在缺失和明显变形
绿化		植物有无明显病害、死亡,是否遮挡安全视距和标志,是否侵入建筑限界和路侧安全净空,是否对路灯、架空线及变电设备等有影响

(2) 夜间巡查

夜间巡查对象包括交通标志、标线、轮廓标和照明设施等。夜间巡查的主要内容包括标志版面内容是否能清晰辨认,标线是否清晰可见,突起路标和轮廓标等是否清晰、连续。在设置有照明的路段,还需巡查照明设施是否齐全完好、工作是否正常等。

在有关行业标准的规定中,经常检查项目也有标志版面夜间视认距离、标线夜间视认距离或逆反射亮度系数等的检查,由于夜间巡查和经常检查的频率基本相同,故夜间巡查工作可以与经常检查的夜间视认性检查合并进行。

2) 日常巡查频率

4.3.2 日常巡查频率不应小于表 4.3.2 的规定,并应符合下列规定:

1 养护检查等级为Ⅱ级的桥梁,日间巡查频率不应小于 1 次/日。

2 灾害天气应加大日常巡查频率。

3 高速公路和一级公路应双向全程巡查。

表 4.3.2 日常巡查频率

养护检查等级		Ⅰ级	Ⅱ级	Ⅲ级
巡查频率	日间巡查	1 次/日	1 次/3 日	1 次/周
	夜间巡查	1 次/月	1 次/2 月	1 次/3 月

(1)一般情况下的日常巡查频率

表4.3.2规定的日常巡查频率,根据巡查对象的养护检查等级确定。

根据第4.3.1条,结合第4.3.4条有关巡查方式的规定,日常巡查对象的主体是路基、路面、交通安全设施、机电设施、绿化与环境保护设施,桥梁主要为桥面系,隧道也主要为车巡中目所能及的范围,因此,根据本标准有关日常巡查目的和内容等规定,所有日常巡查对象可以统一采用表4.2.1规定的养护检查等级,以尽可能统一巡查频率,便于工作安排。

当巡查对象技术状况相同或均在良或2类及以上时,根据本条和表4.2.1的规定,可以按公路技术等级列出日间巡查和夜间巡查的最小频率,见表4-6。

表4-6 日间巡查和夜间巡查的最小频率

公路技术等级		高速公路、一级公路	二级公路	三、四级公路
巡查频率	日间巡查	1次/日	1次/3日	1次/周
	夜间巡查	1次/月	1次/2月	1次/3月

(2)灾害天气的日常巡查

灾害天气加大日常巡查频率,即汛期和春融期,暴雨、暴雪、台风和沙尘暴前后等,不能仅按表4.3.2规定的最小频率要求安排日常巡查工作,应当根据天气情况和灾害风险等级增加日常巡查的次数。一般情况下,在灾害天气到来之前,应当安排预防性巡查;灾害天气中,应当安排现场观测;灾害天气后,还应当及时进行灾情检查。

灾害天气的日常巡查重点包括路基、路面、边坡及防护工程、涵洞和排水沟等排水系统、桥梁墩台、调治构造物、防洪设施、灾害治理工程、标志、护栏、防落网、避险车道、防风栅、防雪栅、积雪标杆和绿化植物,以及容易由灾害天气直接造成灾害或引发次生、衍生灾害的构造物等,具体根据灾害天气类型和设施受影响程度等确定。

3）异常情况的处置

> 4.3.3 日常巡查发现危及安全的病害、损毁及其他异常情况时,应现场设置警示标志并上报,在应急处置和抢修人员到场前应进行现场监视。

《公路安全保护条例》(国务院令第593号)第四十七条规定:"公路管理机构、公路经营企业应当按照国务院交通运输主管部门的规定对公路进行巡查,并制作巡查记录;发现公路坍塌、坑槽、隆起等损毁的,应当及时设置警示标志,并采取措施修复。"据此,本条就日常巡查中发现危及安全的异常情况时如何处置进行了规定。

危及安全的异常情况包括路堤滑移和坍塌、上边坡崩塌和落石、路面坑槽和隆起、重要构件缺损和变形等病害,以及突发事件造成基础设施损毁等。根据本条规定,日常巡查人员发现这类情况后,应当现场设置警示标志并上报,在应急处置和抢修人员到场之前进行现场监视。

4）巡查方式

> 4.3.4 日常巡查可采用车行观察方式,辅以摄影或摄像。发现异常情况应下车抵近检查,对异常情况类型和位置进行记录并上报。

在正常情况下,日常巡查以车行观察为主,巡查行车速度一般为20~50km/h,并按规定开启警示灯。发现异常情况包括灾害天气对重点对象进行检查时,应当下车抵近目测检查,必要时进行量测,重要情况进行摄影或摄像。有条件时,采用自动化巡查设备或自动化巡查与人工观察相结合的方法。

4.4 经常检查

1）经常检查内容

> 4.4.1 经常检查内容应包括路基、路面、桥涵、隧道、交通工程及沿线设施是否存在病害及隐患，使用功能是否正常，以及既有病害的发展情况等。

经常检查的主要任务是对公路基础设施病害及隐患进行排查和跟踪，包括排查可能存在的病害及隐患、跟踪既有病害的发展情况等。

经常检查对象包括路基、路面、桥涵、隧道、交通工程及沿线设施等全部基础设施，日常巡查及上次经常检查发现存在病害及隐患的路段、分项设施或部件，应当作为重点检查对象。

根据本条规定，结合行业现行有关标准的规定，部分基础设施的经常检查主要内容汇总于表4-7，供标准使用者参考。机电设施及设备的经常检查内容根据其经常检修内容确定。

表4-7 经常检查主要内容

基础设施类型	主要检查内容
路基	坡顶和坡面是否存在开裂，坡面是否存在岩体风化松散、坍塌和滑坡等
	防护及支挡结构物是否存在破损、勾缝脱落、排（泄）水孔堵塞、结构变形、滑移和开裂等，基础是否存在冲刷和空洞等
	排水设施是否损坏，排水是否通畅、有效
	既有病害发展情况
路面	沥青路面是否存在裂缝、坑槽、松散、拥包和沉陷等
	水泥混凝土路面是否存在破碎、裂缝、板角断裂、错台、拱起、接缝损坏和坑洞等
	既有病害发展情况

续表 4-7

基础设施类型		主要检查内容
桥涵		桥梁结构有无异常变形和振动，构件是否存在损害、开裂、剥落和锈蚀等
		桥面铺装是否存在病害，伸缩装置、栏杆和护栏等是否存在缺损，排水设施是否通畅等
		混凝土主梁是否存在裂缝，箱梁内是否积水，钢结构主梁焊缝是否存在开裂、螺栓有无松动或缺失等
		斜拉索、吊杆(索)、系杆等索结构密封材料有无老化和开裂，锚固区密封设施、索鞍、鞍座等是否完好，鞍室是否渗水和积水等
		支座是否存在明显缺陷，使用功能是否正常
		墩台是否存在明显倾斜、开裂、破损，基础是否存在冲刷、悬空和损坏，悬索桥锚碇是否存在积水等
		翼墙、锥坡、护坡和调治构造物是否存在缺损、沉降和塌陷等
		涵洞是否存在破损、结构变形、淤塞等
		既有病害发展情况
隧道	土建结构	洞口构造物有无开裂、倾斜和沉陷，边仰坡是否存在开裂滑动和危石等
		洞门结构是否存在开裂、倾斜、沉陷和渗水等
		衬砌是否存在结构裂缝、错台、剥落和渗漏水等
		隧道路面是否存在病害
		检修道结构及构件是否存在缺损，预埋件和悬挂件是否存在变形和缺损等
		既有病害发展情况
	机电设施	结合经常检修进行
	其他工程设施	各类设施是否完好，构件是否存在变形和缺损等
		既有病害发展情况
交通安全设施	交通标志	标志板和支撑件是否存在变形和缺损，标志版面夜间视认距离等
	交通标线	是否存在破损和缺失，标线夜间视认距离或逆反射亮度系数等
	护栏	是否存在缺损和变形

续表 4-7

基础设施类型		主要检查内容
交通安全设施	栏杆	是否存在缺损、变形和锈蚀
	防撞桶、防撞垫	是否存在损坏和缺失
	视线诱导设施	是否存在破损和缺失
	防眩设施	是否存在缺失、倾斜和变形
	隔离栅、防落网	围封是否严实,构件是否完整
	避险车道	制动床表面是否平整,端部是否损坏,设施是否存在缺损
	其他安全设施	防风栅、防雪栅、积雪标杆、限高架和凸面镜等是否存在缺失和变形
绿化及环境保护设施		植物有无病害、死亡
		声屏障、污水处理设施和水土保护设施等是否存在缺损和功能不足

2)经常检查频率

4.4.2 经常检查频率不应小于表 4.4.2 的规定,灾害天气或病害发展较快时,应加大经常检查频率。

表 4.4.2 经常检查频率

养护检查等级	Ⅰ级	Ⅱ级	Ⅲ级
检查频率	1 次/月	1 次/2 月	1 次/3 月

各类基础设施经常检查的最小频率,根据各自的养护检查等级,按表 4.4.2 的规定确定。

为便于应用,根据本条和第 4.2 节的有关规定,经常检查最小频率按公路技术等级和基础设施类型汇总于表 4-8。鉴于机电设施的特殊性,经常检查频率按设备类型采用相应的经常检修频率。

表 4-8 经常检查最小频率汇总表

公路技术等级和基础设施类型		经常检查频率	1次/月	1次/2月	1次/3月
	高速公路、一级公路	路基、路面、交通工程及沿线设施	全线	—	—
		桥涵	$L_k>150m$的特大桥,特殊结构桥梁,3、4类大桥、中桥、小桥,$L_k \leq 150m$的特大桥	1、2类大桥、中桥、小桥,$L_k \leq 150m$的特大桥	涵洞
		隧道土建结构	特长、长、中隧道,3、4类短隧道	1、2类短隧道	—
	二级公路	路基、路面、交通工程及沿线设施	中、次、差路段	其余路段	—
		桥涵	$L_k>150m$的特大桥,特殊结构桥梁,3、4类大桥、中桥、小桥,$L_k \leq 150m$的特大桥	1、2类大桥、中桥、小桥,$L_k \leq 150m$的特大桥	涵洞
		隧道土建结构和其他工程设施	特长隧道,3、4类长、中隧道,4类短隧道	1、2类长、中隧道,3类短隧道	1、2类短隧道
	三、四级公路	路基、路面、交通工程及沿线设施	次、差路段	中路段	其余路段
		桥涵	$L_k>150m$的特大桥,特殊结构桥梁,3、4类大桥,$L_k \leq 150m$的特大桥,4类中桥、小桥	1、2类大桥,$L_k \leq 150m$的特大桥,3类中桥、小桥	1、2类中桥、小桥,涵洞
		隧道土建结构和其他工程设施	特长隧道,3、4类长、中隧道,4类短隧道	1、2类长、中隧道,3类短隧道	1、2类短隧道

注:表中,中、次、差和1、2、3、4类均指技术状况等级。

根据本条规定,在灾害天气或病害发展较快的情况下,不能仅按表4.4.2规定的最小频率要求安排经常检查工作,应当根据天气情况、灾害风险等级或病害严重程度等,增加经常检查的次数,重点对灾害风险点或病害部位进行现场检查。

3)经常检查方法及异常情况处置

> 4.4.3 经常检查应抵近检查。发现病害及其他异常情况时,应现场对其类型和范围等进行判定并记录;病害及其他异常情况较严重时应做专项检查,进一步判明病害程度及成因,并根据检查及评定结论采取相应的养护措施。

经常检查一般以抵近目测、定性判定为主,必要时辅以仪器和工具量测,有条件时,采用自动化检测设备或自动化检测与人工检查相结合的方法。

标志和标线夜间视认距离的检查,采用车辆远光灯照射下目测或尺量的方法,标线逆反射亮度系数的检查则采用设备检测的方法。

由于经常检查为定性检查,故仅要求对病害、缺损及其他异常情况进行定性判定。经常检查记录内容包括病害及其他异常情况位置、类型、范围和严重程度,以及跟踪监测、维修处治或是否实施专项检查等建议。

当病害及其他异常情况较严重时,应当及时上报,养护单位应当安排专项检查及评定,以进一步判明病害类型、范围、成因、严重程度、结构承载能力或抗灾能力等,并根据检查及评定结论采取相应的养护措施。

4.5 定期检查

1）定期检查方案

> 4.5.1 定期检查应根据检查对象工程特征和现场条件,结合养护历史资料制定检查方案,明确检查目的、内容和方法,交通组织、数据管理和技术状况评定方案等。

定期检查的主要任务是对公路基础设施技术状况进行全面检查和评定,是一项系统性较强的工作,故定期检查前应当针对检查对象、任务要求和现场条件制定检查方案,并依据检查方案组织和指导定期检查作业及评定工作。

根据调研资料,定期检查方案一般包括下列内容：
(1)检查目的。
(2)检查内容,包括检查对象和检查项目等。
(3)检查方法,包括检查方式和检测设备等。
(4)工作方案,包括检查单元划分、工作流程和人员组织等。
(5)交通组织方案,包括现场作业区布置、临时交通安全设施布置、事故应急现场处置方案等。
(6)数据管理和技术状况评定方案。
(7)提交成果。
(8)保障措施。

2）定期检查内容

> 4.5.2 定期检查应包括下列内容：
> 1 路基各分项设施的病害、缺损程度及相关指标。
> 2 表4.5.2规定的路面检测指标,其中横向力系数和构造深度为二选一检测指标,路面弯沉为抽样检测指标。

表4.5.2 路面检测指标

养护检查等级		Ⅰ级	Ⅱ、Ⅲ级
检测指标	沥青路面	路面破损率、国际平整度指数、车辙深度、跳车指标、横向力系数或构造深度、路面弯沉	路面破损率、国际平整度指数、路面弯沉
	水泥混凝土路面	路面破损率、国际平整度指数、跳车指标、横向力系数或构造深度	路面破损率、国际平整度指数

3 桥梁桥面系、上部结构和下部结构的各部件及构件,以及涵洞主要部件的病害、缺损程度及相关指标。

4 隧道土建结构和其他工程设施的各分项设施病害、缺损程度及相关指标,机电设施及设备完好率等。

5 交通安全设施、管理服务设施、绿化及环境保护设施的各分项设施病害、缺损程度及相关指标,机电设施及设备完好率等。

(1)要点与应用

定期检查的目的是全面查明公路基础设施技术状况。

定期检查对象为路基、路面、桥涵、隧道、交通工程及沿线设施等全部基础设施及其分项设施、机电设施及设备等。

本条及本标准其他条文所称各分项设施、机电设施及设备,见本标准第3.2.2、3.2.5和3.2.6条有关路基、隧道、交通工程及沿线设施养护对象的规定。所称桥梁部件及构件,参见现行《公路桥梁技术状况评定标准》(JTG/T H21)的有关规定。

定期检查项目主要为检查对象的技术状态,包括病害、缺损程度及相关指标。路面主要为表征路面完好状态和功能状态的相关指标等。

本条规定的定期检查对象及检查内容,基本涵盖所有基础设施及其技术状态检查内容。实际应用中,检查对象及内容根据检查目的和评定需要,按行业现行有关标准的规定确定。

以交通安全设施为例,当为项目级技术状况评定时,检查对象为本标准第3.2.6条第1款规定的所有分项设施;当仅要求评定交通标线技术状况时,检查对象则仅为交通标线。当为路网级技术状况评定时,按《公路技术状况评定标准》(JTG 5210—2018)的规定,检查对象中的交通安全设施只有防护设施、隔离栅、交通标志和标线等4项。

(2)路基定期检查内容

根据本条第1款,结合《公路路基养护技术规范》(JTG 5150—2020)的有关规定,路基定期检查主要内容见表4-9。

表4-9 路基定期检查主要内容

分项设施	主要检查内容
土路肩、路堤与路床、边坡、防护及支挡结构物、路基排水设施	各分项设施是否存在病害和缺损,包括路肩或路缘石缺损,不均匀沉降、开裂滑移、坡面冲刷、碎落崩塌,构造物破损、结构失稳,排水设施损坏、排水不畅等

(3)路面定期检查内容

根据本条第2款,结合《公路技术状况评定标准》(JTG 5210—2018)的有关规定,路面定期检查主要内容见表4-10。

表4-10 路面定期检查主要内容

路面类型		检测指标
沥青路面	高速公路、一级公路	路面破损率 DR、国际平整度指数 IRI、车辙深度 RD、跳车指标 PB、横向力系数 SFC 或构造深度 MPD、路面弯沉 l(抽样检测)
	二、三、四级公路	路面破损率 DR、国际平整度指数 IRI、路面弯沉 l(抽样检测)
水泥混凝土路面	高速公路、一级公路	路面破损率 DR、国际平整度指数 IRI、跳车指标 PB、横向力系数 SFC 或构造深度 MPD
	二、三、四级公路	路面破损率 DR、国际平整度指数 IRI

(4)桥涵定期检查内容

根据本条第3款,结合《公路桥梁技术状况评定标准》(JTG/T H21—

2011)的有关规定,桥涵定期检查主要内容见表4-11。

表4-11 桥涵定期检查主要内容

分部工程及结构类型		主要检查内容
桥面系		①桥面铺装:沥青混凝土桥面铺装是否存在拥包、泛油、破损和裂缝,水泥混凝土桥面铺装是否存在磨光、脱皮、露骨、错台、坑洞、剥落、接缝料损坏和裂缝,交通标志和照明设施是否存在污染和缺损等。 ②伸缩装置:是否存在错台,锚固区是否存在缺陷、破损和失效等。 ③人行道:是否存在破损和缺失等。 ④栏杆和护栏:是否存在撞坏、缺失和破损等。 ⑤排水系统:是否存在排水不畅,泄水管和引水槽是否存在缺陷等
桥梁上部结构	混凝土梁式桥	①主梁:混凝土构件是否存在表层缺陷、渗水、钢筋锈蚀、主梁变形、结构变位、预应力构件损伤、结构性裂缝、非结构性裂缝和功能性病害等。 ②支座。 a)橡胶支座:板式支座是否存在缺陷、位置串动、脱空或剪切超限,盆式支座是否存在组件损坏、滑板磨损、位移、转角超限和上下座板(盆)锈蚀等。 b)钢支座:是否存在组件或功能缺陷、支座位移、转角超限、部件磨损和裂缝等。 c)混凝土摆式支座:是否存在混凝土缺损、滑动面不平整、生锈咬死、轴承有裂纹、切口或偏移等。 d)悬索桥等横向支座和竖向支座:是否存在螺母松动、锚螺杆剪切、纵横线扭转等
	钢梁桥	①主梁:是否存在涂层缺陷、锈蚀、焊缝开裂、铆钉(螺栓)损失、裂缝、跨中挠度、构件变形和结构变位等。 ②支座:同混凝土梁式桥
	圬工拱桥	①主拱圈:是否存在表面缺陷、变形或位移、拱脚位移、渗水、结构性裂缝、非结构性裂缝、灰缝松散脱落、砌块断裂、脱落和风化等。 ②拱上结构:是否存在渗水、结构性裂缝、非结构性裂缝、风化、灰缝松散脱落、砌块断裂和脱落、侧墙变形和位移、填料沉陷或开裂、腹拱变形和错位、立墙或立柱倾斜等

续表 4-11

分部工程及结构类型		主要检查内容
桥梁上部结构	钢筋混凝土拱桥	①主拱圈:是否存在表面缺陷、拱圈变形、拱脚位移、渗水、结构性裂缝、非结构性裂缝、刚架(桁架)拱片构件变形等。 ②拱上结构:是否存在表面缺陷、渗水、结构性裂缝、非结构性裂缝、侧墙变形、拱上填料沉陷或开裂、腹拱变形和错位、立墙或立柱倾斜等。 ③横向联结系:是否存在表面缺陷、渗水、结构性裂缝、非结构性裂缝、横向联结系功能受损等。 ④桥面板:同混凝土梁式桥主梁
	组合拱桥	①拱肋、横向联结系、拱上结构:是否存在表面缺陷、主拱圈变形、拱脚位移、渗水、结构性裂缝、非结构性裂缝、构件变形和局部损伤、管内混凝土不密实或脱空、钢结构锈蚀和焊缝开裂等。 ②吊杆和系杆:是否存在钢丝锈蚀、断丝、连接松动、锚具渗水和锈蚀、锚头损坏、涂层缺陷、护套破损和开裂、护套锈蚀、防锈油变质或缺失等。 ③支座:同混凝土梁式桥支座。 ④桥面板:同混凝土梁式桥主梁
	钢拱桥	主拱圈:是否存在变形、拱脚位移,钢结构涂层缺陷、锈蚀和焊缝开裂等
	斜拉桥	①斜拉索:是否存在钢丝锈蚀、涂层缺陷、断丝、锚具渗水和锈蚀、锚头损坏和锚固区损坏,护套破损、开裂和锈蚀,防锈油结块、变质或缺失等。 ②主梁:混凝土主梁同混凝土梁式桥,钢桁架、钢箱梁主梁同钢梁桥。 ③索塔:是否存在表面缺陷、钢筋锈蚀、倾斜变形、锚固区渗水、结构性裂缝和非结构性裂缝等
	悬索桥	①主缆:是否存在线形变形、腐蚀、防护损坏和索股损坏等。 ②索夹:是否存在错位、滑移、涂层缺陷、密封填料损坏、裂纹和锈蚀等。 ③吊索:是否存在锈蚀、断丝、锚具渗水和锈蚀、锚头损坏、锚固区损坏、涂层缺陷、护套破损和开裂、护套锈蚀、防锈油变质或缺失等

续表 4-11

分部工程及结构类型		主要检查内容
桥梁上部结构	悬索桥	④加劲梁:混凝土主梁同混凝土梁式桥,钢桁架、钢箱梁主梁同钢梁桥。 ⑤索塔:是否存在表面缺陷、钢筋锈蚀、倾斜变形、结构性裂缝和非结构性裂缝等。 ⑥索鞍:是否存在上座板与下座板相对位移、鞍座螺杆和锚栓锈蚀等。 ⑦锚碇:是否存在表面缺陷、锚坑漏水、顶板和侧墙损坏、均匀沉降和水平位移等。 ⑧锚杆:是否存在涂层缺陷、锈蚀和裂纹等
桥梁下部结构		①桥墩:是否存在混凝土表面缺陷、钢筋锈蚀、位移、结构性裂缝、非结构性裂缝和磨损,以及圬工砌体缺陷等。 ②桥台:是否存在混凝土表面缺陷、钢筋锈蚀、位移、结构性裂缝、非结构性裂缝、台背沉降和排水不畅,以及圬工砌体缺陷等。 ③墩台基础:是否存在表面剥落、露筋、冲蚀、结构性裂缝和非结构性裂缝,基础沉降、滑移、倾斜、冲刷和掏空等。 ④翼墙和耳墙:是否存在破损、位移、鼓肚、裂缝和砌体松动等。 ⑤锥坡和护坡:是否存在缺陷和冲刷。 ⑥附属设施:防撞设施、导航和警示标志等是否存在缺损。 ⑦河床及调治构造物:是否存在河床堵塞、冲刷和变迁,调治构造物损坏、冲刷和变形等
涵洞		主要部件是否存在病害和缺损等

(5)隧道定期检查内容

根据本条第 4 款,结合《公路隧道养护技术规范》(JTG H12—2015)的有关规定,隧道定期检查主要内容见表 4-12。

表 4-12 隧道定期检查主要内容

设施类型		主要检查内容
土建结构	洞口	是否存在山体滑坡、崩塌征兆,边坡及碎落台、护坡道坍塌和冲沟,防护工程损坏等
	洞门	是否存在墙身裂缝,混凝土表观缺陷、露筋锈蚀,位移、沉陷,墙背填料流失等
	衬砌	是否存在背后空洞、厚度不足,混凝土表观缺陷、裂缝、渗漏水等
	路面	是否存在拱起、沉陷、错台、开裂等
	检修道	是否存在检修道破损、盖板和栏杆缺损等
	排水系统	是否存在排水不畅,排水沟管、排水管和集水井缺损等
	吊顶及预埋件	吊顶板和吊顶杆是否存在变形和缺损等
	内装饰	装饰板是否存在缺损和变形等
	交通标志和标线	标志、标线和视线诱导设施是否存在污染和缺损等
机电设施		隧道供配电、照明、通风、消防、监控和通信等设备完好率
其他工程设施		电缆沟、设备洞室、洞外联络通道、洞口限高门架、洞口绿化、消音设施、减光设施、污水处理设施、洞口雕塑及铭牌、房屋设施等的缺损情况

(6)交通安全设施定期检查内容

根据本条第5款,结合行业在编有关标准的条文内容,交通安全设施定期检查主要内容见表4-13。

表 4-13 交通安全设施定期检查主要内容

分项设施	主要检查内容
交通标志	交通标志各分项设施病害、缺损程度及相关指标
交通标线	交通标线、突起路标和立面标记的病害、缺损程度及相关指标
护栏和栏杆	护栏和栏杆的病害、缺损程度及相关指标
视线诱导设施	轮廓标、诱导标、隧道轮廓带、示警柱、示警墩和道口标柱的病害、缺损程度及相关指标

续表 4-13

分项设施	主要检查内容
防眩设施	防眩板和防眩网等的病害、缺损程度及相关指标
隔离栅	隔离栅的病害、缺损程度及相关指标
防落网	防落物网和防落石网等的病害、缺损程度及相关指标
避险车道	避险车道的病害、缺损程度及相关指标
其他安全设施	防风栅、防雪栅、积雪标杆、限高架、减速丘、减速带、凸面镜、百米桩和里程碑等的病害、缺损程度及相关指标

(7)机电、管理服务设施定期检查内容

表 4-13 仅列出了交通工程及沿线设施中的部分定期检查项目,公路机电设施、管理服务设施、绿化及环境保护设施的检查项目未一一列出。

机电设施定期检查主要检查各类设施设备的完好率,其技术状况评定结合定期检修成果进行。

管理服务设施中的场区、停车场及出入匝道等参见路基路面的定期检查内容;绿化及环境保护设施定期检查内容包括植物和各类分项设施病害及缺损程度等。

管理服务设施中的房屋定期检查,根据《既有建筑维护与改造通用规范》(GB 55022—2021)的规定,每年不少于一次,检查内容包括屋面渗漏和损坏状况,女儿墙、出屋面烟囱、附属构筑物等的偏斜和损坏情况,外墙饰面开裂、渗漏、空鼓和脱落等损伤状况,外墙门窗、幕墙等维护结构的密封性、破损状况以及与主体结构连接的缺陷、变形和损伤情况,遮阳棚、雨棚、空调架和避雷装置等建筑外立面附加设施的损坏及与主体结构连接的缺陷、变形和损伤情况,室内装饰装修与主体结构连接的缺陷、变形和损伤情况等。

4 检查及评定

3）病害严重且成因复杂时的检查

> **4.5.3** 经定期检查难以判明病害程度及成因，或需进一步查明结构承载能力、抗灾能力或安全性等专项性能时，应对其进行专项检查。

一般情况下，定期检查根据技术状况评定需要确定其检查项目和深度，当定期检查发现有严重病害且成因复杂时，尚需进一步开展专项检查，以查明其病害程度及成因。因判定基础设施使用性能或制定养护工程技术方案等需要时，也应当安排专项检查，以查明结构承载能力、耐久性、抗灾能力或安全性等专项性能。

4）定期检查频率

> **4.5.4** 定期检查频率不应小于表4.5.4的规定。路面横向力系数检查频率可适当减小，但不应小于1次/2年。

表4.5.4 定期检查频率

养护检查等级		Ⅰ级	Ⅱ级	Ⅲ级
检查频率	路基、路面、交通工程及沿线设施	1次/年	1次/年	1次/年
	桥涵、隧道	1次/年	1次/3年	1次/3年

各类基础设施定期检查的最小频率，根据各自的养护检查等级，按表4.5.4的规定确定。作为特例，高速公路和 级公路路面抗滑性能检测频率为1次/2年，机电设施及设备定期检查频率采用其定期检修频率。

为便于标准应用，根据本条和第4.2节的有关规定，定期检查最小频率按公路技术等级和基础设施类型汇总于表4-14。

表 4-14 定期检查最小频率汇总表

定期检查频率			1 次/年	1 次/3 年
公路技术等级和基础设施类型	高速公路、一级公路	路基、路面、交通工程及沿线设施	全线	—
		桥涵	$L_k>150m$ 的特大桥,特殊结构桥梁,3、4 类大桥、中桥、小桥,$L_k \leq 150m$ 的特大桥	1、2 类大桥、中桥、小桥,$L_k \leq 150m$ 的特大桥,涵洞
		隧道	特长、长、中隧道,3、4 类短隧道	1、2 类短隧道
	二级公路	路基、路面、交通工程及沿线设施	全线	—
		桥涵	$L_k>150m$ 的特大桥,特殊结构桥梁,3、4 类大桥、中桥、小桥,$L_k \leq 150m$ 的特大桥	1、2 类大桥、中桥、小桥,$L_k \leq 150m$ 的特大桥,涵洞
		隧道	特长隧道,3、4 类长、中隧道,4 类短隧道	1、2 类长、中隧道,1、2、3 类短隧道
	三、四级公路	路基、路面、交通工程及沿线设施	全线	—
		桥涵	$L_k>150m$ 的特大桥,特殊结构桥梁,3、4 类大桥,$L_k \leq 150m$ 的特大桥,4 类中桥、小桥	1、2 类大桥,$L_k \leq 150m$ 的特大桥,1、2、3 类中桥、小桥,涵洞
		隧道土建结构	特长隧道,3、4 类长、中隧道,4 类短隧道	1、2 类长、中隧道,1、2、3 类短隧道

注:表中,1、2、3、4 类均指技术状况等级。

5）定期检查的实施

（1）按检查单元分段进行

> 4.5.5 定期检查应将公路划分为若干检查单元分段进行。检查单元长度宜采用1 000m，并应根据桥梁、隧道、路面类型和养护管理区段分布情况及检查手段等进行调整。桥梁、涵洞和隧道等应按座进行检查，其检查单元宜进一步划分。

根据公路的带状特点，定期检查和评定按检查单元分段进行，以使病害定位和技术状况评价更准确、养护施策更精准。

根据本条规定，检查单元的路段长度原则上为1 000m，但可以进行如下调整：

①根据桥梁和隧道分布情况进行调整，即同一座桥梁和隧道划分至同一单元。

②根据路面类型分布情况进行调整，即同一单元仅包含同一路面类型。

③根据养护管理区段分布情况进行调整，即同一单元仅包含同一养护管理区段。

④根据检查手段调整，如采用信息化和自动化手段进行路面检查时，为提高精度，在检查单元内可以进一步细化为若干子单元，根据各子单元技术状况综合评定出检查单元的技术状况。

通过上述调整的检查单元，其长度可以不受1 000m的限制。

定期检查时，桥梁、涵洞和隧道均按座进行检查，且检查单元还需进一步划分。例如，当同一座桥梁有不同的结构形式时，可以按结构形式进一步划分检查单元，同一检查单元还需进一步划分为桥面系、上部结构和下部结构等分部，各分部再进一步向下划分为部件和构件，并以最基层的构件或部件作为基本检查对象。

检查单元不仅仅应用于检查阶段，同时也用作技术状况评定、养护决策分析和养护工程设计的基本单元，如图4-1所示。

图 4-1　检查单元的应用

（2）检查方法

定期检查方法包括人工调查、工具量测、仪器检测和自动化设备检测等。定期检查应当抵近检查并记录，对基础设施出现病害和缺损的部位，以及需维修的部位，应当现场进行标记。

定期检查方法因检查对象和检查项目的不同而有所不同，各类基础设施检查的常用方法如下：

①路基：一般采用目测与仪器和工具量测相结合的方法，有条件时采用自动化检测设备。

②路面：路面各项指标的检测推荐采用自动化检测设备或装置，如路面损坏检查采用基于图像识别技术的自动化检测设备，路面平整度检测采用基于激光测距原理的纵断面类检测装置，路面车辙检测采用基于梁式多传感器、扫描式激光传感器或光学影像传感器的横断面类检测设备，构造深度检测采用基于激光测距原理的断面类检测设备，路面抗滑性能检测采用横向力系数检测设备或其他具有有效相关关系的自动化检测设备，路面跳车检测采用基于激光测距原理的断面类检测设备，路面结构强度检测采用贝克曼梁弯沉仪或与贝克曼梁具有有效相关关系的自动化检测设备，路面损坏检查采用目测与仪器和工具量测相结合的方法。

③桥梁和隧道等构造物：一般采用目测与仪器和工具量测相结合的方法，有条件时采用自动化和信息化检测设备。

④交通工程及沿线设施：一般采用人工调查与仪器和工具量测相结合的方法，机电设施采用检测仪器进行检查。

（3）多车道公路的检查

> 4.5.6 高速公路和一级公路应对上、下行方向各路幅分别进行检测和调查。

为全面掌握公路技术状况，组成公路的各路幅都要进行检测和调查。高速公路和一级公路为双幅路时，应当按上、下行方向分别进行检测和调查；高速公路为复合式或一级公路设机动车辅路时，其上行和下行方向一般各有两个路幅，各路幅相互分隔或分离，且路面较宽，故应当对上、下行方向共4个路幅分别进行检测和调查。复合式高速公路横断面如图4-2所示。

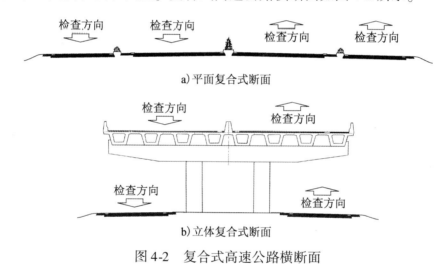

a) 平面复合式断面

b) 立体复合式断面

图4-2 复合式高速公路横断面

6）评定及定期检查报告

> 4.5.7 在定期检查成果的基础上应进行技术状况评定，编制定期检查报告，提出检查及评定结论，以及必要的养护对策建议等。

定期检查的目的之一是全面掌握公路基础设施技术状况，故在定期检查成果的基础上应当进行技术状况评定。技术状况评定内容和方法由本标准第4.7节另行规定。

定期检查报告一般包括下列主要内容:工程概况、检查目的、检查和评定依据、检查内容及方法、检查结果、主要病害分析、技术状况评定、检查及评定结论、养护对策及专项检查建议等,并附必要的检查记录表、图片资料和调查资料等。

4.6 应急检查

1)应急检查内容

> 4.6.1 应急检查应对公路受损范围、基础设施损毁类型和程度、路段及路网通行条件等进行调查,必要时应开展结构物承载能力和抗灾能力等专项检查、地质和水文等勘察。

因突发事件造成公路损毁、中断或产生重大安全隐患时,首先赴现场采用人工调查与仪器和设备检测相结合的方法进行调查,查明公路受灾范围、基础设施损毁类型和严重程度、路段及路网通行条件等,为制定抢通和保通技术方案提供依据。

对于明显受损或存在重大安全隐患的结构物,尚需通过仪器和设备检测并辅以必要的试验,查明结构承载能力和抗灾能力等,以判断能否继续使用或能否经加固后继续使用,必要时还需开展地质和水文等勘察,为制定保通和抢修技术方案提供依据。

2)应急检查报告

> 4.6.2 应急检查应编制应急检查报告,分析基础设施损坏状况、成因及范围,评估受损基础设施技术状况、安全性和修复可行性,提出抢通、保通和抢修等应急养护工程技术方案建议。

应急检查报告内容通常包括突发事件类型、基础设施损坏状况及成因、受损设施技术状况、安全性和修复可行性评估，以及应急养护工程技术方案建议等。

《公路养护工程管理办法》(交公路发〔2018〕33号)第二十七条规定："应急养护和技术简单的养护工程可以按照技术方案组织实施。"应急养护工程的技术方案一般在应急检查成果分析的基础上提出，通过审查后可以作为实施应急养护工程的依据，故在应急检查报告中应当提出技术方案的建议。

4.7 技术状况评定

1) 评定内容

> 4.7.1 技术状况评定应进行技术状况指数评定和技术状况等级评定。路网技术状况评定尚应统计优等路率、优良路率和次差路率。

技术状况评定内容包括技术状况指数和技术状况等级评定，当为路网级检查及评定时，还应当统计优等路率、优良路率和次差路率等。

次差路率指技术状况等级为次、差的公路里程之和与总评定里程的百分比，优等路率和优良路率见本标准表3.5.2的表注。

优等路率、优良路率和次差路率根据技术状况等级评定结果，分别按式(4-1)~式(4-3)计算。

$$优等路率 = 优等路里程之和／总评定里程 \quad (4\text{-}1)$$
$$优良路率 = 优、良路里程之和／总评定里程 \quad (4\text{-}2)$$
$$次差路率 = 次、差路里程之和／总评定里程 \quad (4\text{-}3)$$

2) 技术状况指数与等级评定

> 4.7.2 基础设施技术状况指数应依据其技术状态资料进行评定，各类基础设施技术状态资料内容应符合本标准第4.5.2条的规定。技术状况等级应根据技术状况指数，按本标准第3.3.3条规定的评定标准进行评定。

(1)技术状况指数评定

前已述及,技术状况指数是表征公路及其基础设施技术状态与规定的技术要求符合情况的参数,通过路况检查及评定获得。由于定期检查成果是技术状况指数评定的基础,故本标准第4.5.2条规定的定期检查内容同时也是针对技术状况评定的检查内容,同样适用于所有为评定技术状况而开展的技术状态检测和调查。

目前常用的技术状况指数评定方法包括扣分法、设备完好率法和公式换算法等。

扣分法应用于除路面和机电设施外的多类基础设施,由100减去分项设施的损坏累计扣分(最高累计扣分100)即得该分项设施的技术状况指数,各分项设施技术状况指数的加权平均值即该类基础设施的技术状况指数。

设备完好率法主要用于机电设施,分项设施的设备完好率乘以100即得该分项设施技术状况指数、各分项设施技术状况指数的加权平均值即机电设施技术状况指数。

公式换算法主要用于路面,以高速公路沥青路面为例,路面损坏状况指数、行驶质量指数、跳车指数、抗滑性能指数或磨耗指数、车辙深度指数等技术状况分项指标,分别由路面破损率、国际平整度指数、跳车指数、横向力系数或构造深度、车辙深度等技术状态检测指标,按规定的公式换算确定。各分项指标的加权平均值即路面技术状况指数。路面技术状况指数与技术状态检测指标的关系如图4-3所示。

(2)技术状况等级评定

技术状况等级根据技术状况指数,按本标准第3.3节规定的有关技术状况评定指标体系和技术状况等级评定标准进行评定。

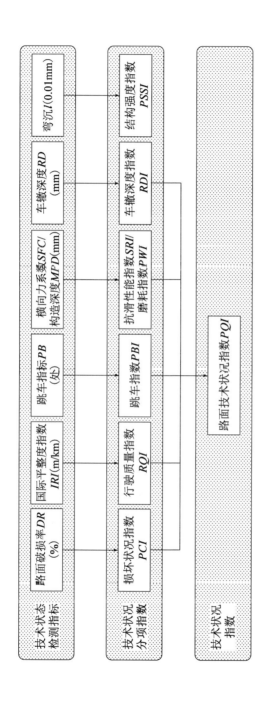

图 4-3 路面技术状况指数与技术状态检测指标的关系

3) 评定方法

(1) 路网级技术状况评定

> 4.7.3 技术状况评定应以检查单元作为评定单元,按评定单元、公路和路网逐级进行,并应符合下列规定:
> 1 评定单元技术状况应根据单元内各基础设施技术状况综合评定。
> 2 一条公路的技术状况应根据各评定单元技术状况综合评定。
> 3 路网技术状况应根据各条公路技术状况综合评定。

本条规定适用于路网级技术状况评定。

技术状况评定对象与检查对象一致,故技术状况评定以检查单元作为评定单元,检查单元的划分见本标准第4.5.5条。

根据本条规定,技术状况评定按评定单元→公路→路网的流程逐级进行,在逐级进行技术状况评定时,首先评定出各级技术状况指标,再据其评定技术状况等级。即:

①评定单元技术状况指数。一个评定单元内可能含有多种基础设施,故需首先评定出评定单元内各类基础设施的技术状况指数,然后再综合评定出评定单元的技术状况指数。

②公路技术状况指数。在评定出一条公路所有评定单元的技术状况指数后,再取所有评定单元技术状况指数的算数平均值作为该路的技术状况指数。

③路网技术状况指数。在评定出路网内同一技术等级各条公路的技术状况指数后,再取所有公路技术状况指数的长度加权平均值作为该路网的技术状况指数,根据该指数和本标准表3.3.3,即可评定得出路网某等级公路的技术状况等级。

本条所称综合评定,目前主要采用加权平均、算术平均或最低值等方法。

①现行评定方法。

根据《公路技术状况评定标准》(JTG 5210—2018)第7.2.1条,公路或评定单元技术状况指数取路基、路面、桥隧构造物、沿线设施4项技术状况指数的加权平均数。根据该标准第7.5.1条,桥隧构造物技术状况指数取桥梁、涵洞和隧道中的最低值。根据《公路隧道养护技术规范》(JTG H12—2015)第3.2.3条,隧道技术状况指数取土建结构和机电设施中的最低值。

按现行有关标准规定的评定指标体系和评定方法,路网技术状况现行评定方法如图4-4所示。

②全面评定方法。

按照本条第1款"根据单元内各基础设施技术状况综合评定"的要求,采用本书表3-7提出的公路技术状况全面评定指标体系。公路技术状况全面评定方法如图4-5所示,供研究参考。

(2)项目级技术状况评定

> 4.7.4 各类基础设施技术状况,应自下而上逐级评定,并应符合下列规定:
> 1 路基技术状况应根据路基各分项设施技术状况综合评定。
> 2 高速公路和一级公路路面技术状况应根据路面损坏状况指数、行驶质量指数、跳车指数、抗滑性能或磨耗指数等分项指标综合评定,沥青路面尚应增加车辙深度指数。二级及二级以下公路路面应根据损坏状况指数和行驶质量指数综合评定。
> 3 桥面系、上部结构和下部结构等技术状况应根据其各构件、部件技术状况综合评定,在此基础上对桥梁技术状况进行综合评定。
> 4 隧道土建结构、机电设施和其他工程设施技术状况应根据其各分项设施或设备技术状况综合评定,在此基础上对隧道技术状况进行综合评定。
> 5 交通安全设施、机电设施、管理服务设施、绿化及环境保护设施技术状况应根据其各分项设施或设备技术状况综合评定。

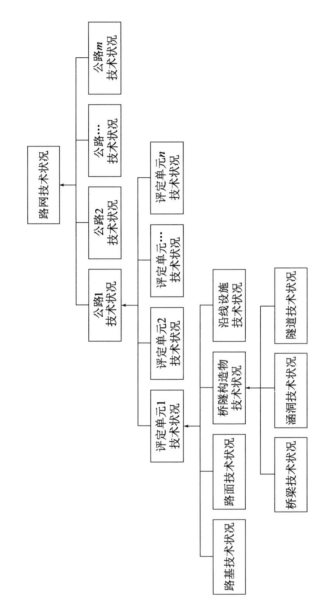

图 4-4 路网技术状况现行评定方法

4 检查及评定

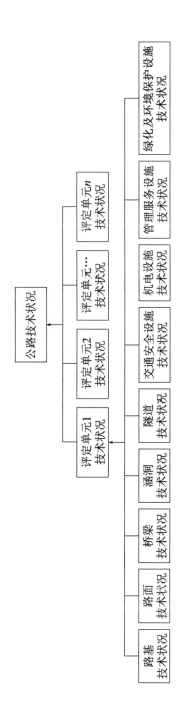

图 4-5 公路技术状况全面评定方法

本条规定适用于各类基础设施技术状况的单项评定。

分项设施、部件或构件是基础设施技术状态检查的基本单元,各类基础设施技术状况评定即由基本单元开始逐级向上评定。

①路基技术状况评定。

根据本条第1款的规定,路基技术状况根据各分项设施技术状况综合评定。按照本标准第3.2.2条划分为土路肩、路堤与路床、边坡、防护及支挡结构物、路基排水设施等5项分项设施,路基技术状况评定示意如图4-6所示,评定依据的主要检查成果见表4-9。该方法与《公路路基养护技术规范》(JTG 5150—2020)中的有关规定一致。

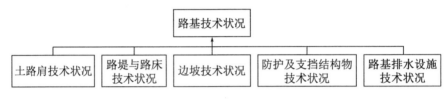

图4-6 路基技术状况评定示意图

按照《公路技术状况评定标准》(JTG 5210—2018)的有关规定,路基技术状况按路肩损坏、边坡坍塌、水毁冲沟、构造物损坏、路缘石缺损、路基沉降和排水不畅等7项损坏类型采用扣分法获得。

评定方法不同,其结果也难以完全相同,这就产生了路基技术状况评定采用哪部标准的问题。综合考虑评定对象和标准适用性等因素,路网级路基技术状况评定按现行《公路技术状况评定标准》(JTG 5210)执行,项目级路基技术状况评定按现行《公路路基养护技术规范》(JTG 5150)执行。

②路面技术状况评定。

根据本条第2款的规定,高速公路和一级公路沥青路面技术状况根据损坏状况指数、行驶质量指数、跳车指数、抗滑性能指数或磨耗指数、车辙深度指数等分项指标综合评定(图4-7),水泥混凝土路面技术状况根据损坏状况指数、行驶质量指数、跳车指数、抗滑性能指数或磨耗指数等分项指标综合评定(图4-8);二级及二级以下等级公路路面技术状况根据损坏状况指数和行驶质量指数综合评定(图4-9)。其中,抗滑性能指数和磨耗指数为二选一指标。各分项指标根据本标准表4.5.2规定的检测指标进行评定。沥青路面结构强度指数根据抽检弯沉值单独评定,不参与路面技术状况指数评定。

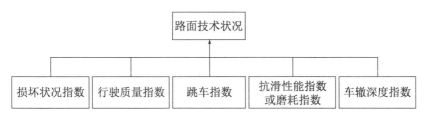

图4-7 高速公路、一级公路沥青路面技术状况评定示意图

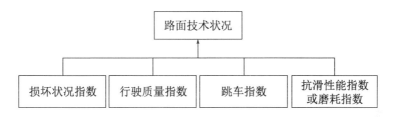

图4-8 高速公路、一级公路水泥混凝土路面技术状况评定示意图

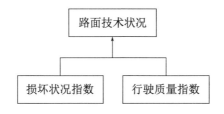

图4-9 二、三、四级公路路面技术状况评定示意图

③桥梁技术状况评定。

根据本条第3款的规定,桥梁技术状况评定按构件→部件→分部工程(桥面系、上部结构、下部结构)→桥梁的流程逐级进行(图4-10)。其中下部结构包含附属设施和调治构造物。

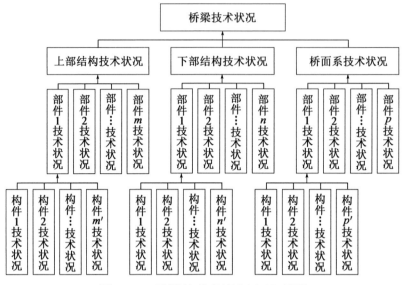

图 4-10 桥梁技术状况评定示意图

各类桥梁上部结构、下部结构和桥面系的主要部件见表 3-2，评定依据的主要检查成果见表 4-11。

④隧道技术状况评定。

根据本条第 4 款的规定，隧道技术状况评定按分项设施或设备→分部设施（土建结构、机电设施、其他工程设施）→隧道的流程逐级进行（图 4-11），各分项设施见表 3-3，评定依据的主要检查成果见表 4-12。

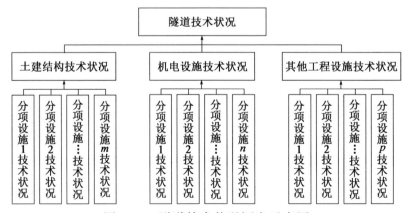

图 4-11 隧道技术状况评定示意图

4 检查及评定

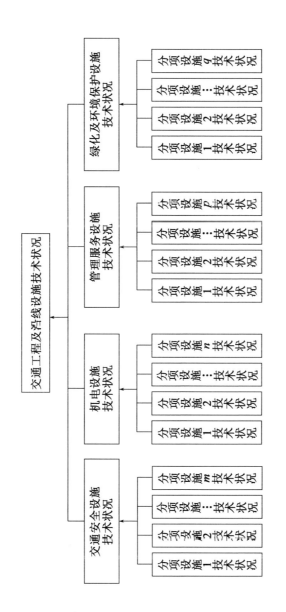

图 4-12 交通工程及沿线设施技术状况评定示意图

⑤交通工程及沿线设施技术状况评定。

根据本条第 5 款的规定,交通工程及沿线设施中,交通安全设施、机电设施、管理服务设施、绿化及环境保护设施技术状况根据其各分项设施或设备技术状况综合评定。需对交通工程及沿线设施总的技术状况进行评定时,按分项设施→交通安全设施、机电设施、管理服务设施、绿化及环境保护设施→交通工程及沿线设施的流程逐级进行(图 4-12),各分项设施见表 3-4,评定依据的主要检查成果见表 4-13。

当专项对交通安全设施、机电设施、管理服务设施、绿化及环境保护设施等技术状况进行评定时,各项设施技术状况评定指标自成体系。目前,管理服务设施中的场区、停车场及出入匝道等的检查评定可以参照有关路基、路面技术状况评定的行业标准,房屋技术状况检查可以参照现行《既有建筑维护与改造通用规范》(GB 55022)的有关规定。相信在不远的将来,交通工程及沿线设施的技术状况评定标准会得到进一步完善。

4.8 专项检查及评定

1)需开展专项检查的情形

4.8.1 下列情形应开展专项检查:

1 养护决策或养护工程设计需要时;

2 经常检查或定期检查后需做进一步检查时;

3 基础设施加固改造、拆除重建或灾后恢复等重要工程项目交工后;

4 接养公路时;

5 桥梁、隧道、路基、高边坡及结构物等经监测或经风险评估需开展专项检查时;

6 公路超过设计使用年限时;

7 其他需开展专项检查的情形。

本条列出了需开展专项检查的几种情形,其中多数也是本标准有关条文中提出的专项检查要求。

(1)养护决策或设计的专项检查

根据本标准第5.1.2条的规定,路网级养护决策"资料不足时应通过专项检查及评定进行补充"。项目级养护决策应通过专项检查及评定,获取当前技术状况等相关资料。

根据本标准第6.1.2条的规定,"养护工程设计应开展专项检查及评定",获取有关技术状况及其他有关性能资料。

(2)经常检查或定期检查后的专项检查

根据本标准第4.4.3条的规定,经常检查发现"病害及其他异常情况较严重时应做专项检查"。

根据本标准第4.5.3条的规定,"经定期检查难以判明病害程度及成因,或需进一步查明结构承载能力、抗灾能力或安全性等专项性能时,应对其进行专项检查"。

(3)工程交工后的专项检查

需开展初始检查的养护工程项目,主要为基础设施加固改造、拆除重建和灾后恢复等工程。该类专项检查在行业有关标准中又称初始检查,其目的是采集工程实施后的有关性能指标、技术状况和几何构造等数据,以存档或入库并作为养护决策和设计的基础数据。

(4)接养公路时的专项检查

根据本标准第9.2.1条的规定,接养公路时"应通过专项检查及评定获取当前技术状况资料"。接养新建公路时,该类专项检查亦可视为初始检查。

(5)经监测或风险评估开展的专项检查

根据本标准第4.9.5条的规定,"监测值超过预警值时应立即上报,并对监测对象进行专项检查"。所称监测对象,包括桥梁、隧道、路基、高边坡及结构物等。其中,高边坡指填土边坡高于20m的路堤高边坡、土质挖方边坡高于20m或石质挖方边坡高于30m的路堑高边坡。

"经风险评估需开展专项检查",指在结构安全和地质灾害等风险管理中,经风险评估,其风险等级达到必须实施风险削减措施的级别时,首先应当现场查明结构技术状态、风险源及其影响范围等,为制定风险应对措施提供依据。

风险管理是以最小成本争取获得最大安全保证的有效方法,目前在国内防灾减灾和生产安全等领域已得到较为广泛的应用。根据《风险管理 风险评估技术》(GB/T 27921—2023)的有关规定,风险管理包括明确环境信息、风险评估和风险应对等,其中风险评估包括风险识别、风险分析和风险评价等。《公路桥梁和隧道工程设计安全风险评估指南(试行)》(交公路发〔2010〕175号)和《公路水路行业安全生产风险辨识评估管控基本规范(试行)》(交办安监〔2018〕135号)等,对部分领域的风险评估进行了规范。一些团体标准,如《在役公路边坡工程风险评价技术规程》(T/CECS G:E70-01—2019)等,正将风险管理技术逐渐应用于公路养护领域。

(6)公路超过设计使用年限时的专项检查

本条所称设计使用年限,指公路基础设施建设采用的设计使用年限,即原设计使用年限。根据《公路工程技术标准》(JTG B01—2014)第2.0.11条,设计使用年限即"在正常设计、正常施工、正常使用和正常养护条件下,路面、桥涵、隧道结构或结构构件不需进行大修或更换,即可按其预定目的使用的年限"。

根据本条规定,在路面、桥涵和隧道等超过设计使用年限时,无论之前是否经历过结构性修复养护,均要求进行专项检查,以查明其技术状况,为制定公路超过设计使用年限后的处理方案提供基础资料。

路面结构、桥涵和隧道等的设计使用年限,在行业现行有关标准中均有规定。为便于标准应用,根据《公路工程技术标准》(JTG B01—2014),结合《公路桥涵设计通用规范》(JTG D60—2015)和《公路沥青路面设计规范》(JTG D50—2017)等的有关规定,特分别列出公路新建工程的路面结构、桥涵和隧道设计使用年限,见表4-15~表4-17。

表4-15 路面结构设计使用年限

路面类型		沥青路面	水泥混凝土路面
设计使用年限（年）	高速公路、一级公路	15	30
	二级公路	12	20
	三级公路	10	15
	四级公路	8	10

注:资料来源于《公路工程技术标准》(JTG B01—2014)表5.0.8。

表4-16 桥涵设计使用年限

结构类型		主体结构			可更换部件	
		特大桥、大桥	中桥	小桥、涵洞	斜拉索、吊索、系杆等	栏杆、伸缩缝、支座等
设计使用年限（年）	高速公路、一级公路	100	100	50	20	15
	二、三级公路	100	50	30		
	四级公路	100	50	30		

注:资料来源于《公路工程技术标准》(JTG B01—2014)表6.0.11。

表4-17 隧道设计使用年限

结构类型		衬砌、洞门等主体结构				可更换、修复构件
		特长隧道	长隧道	中隧道	短隧道	特长、长、中、短隧道
设计使用年限（年）	高速公路,一、二级公路	100	100	100	100	30
	三级公路	100	100	100	50	
	四级公路	100	50	50	50	

注:资料来源于《公路工程技术标准》(JTG B01—2014)表8.0.9。

(7)其他需开展专项检查的情形

其他需开展专项检查的情形,包括国家和行业现行有关标准规定的需开展专项检查的情形,以及养护管理单位因养护需要而安排的有关技术状况或专项性能的检查等,如《公路桥涵养护规范》(JTG 5120—2021)规定需要判明水中基础技术状况的桥梁应作特殊检查,此处所称特殊检查含本标准规定的专项检查。

2)专项检查方案

> 4.8.2 专项检查应根据检查对象工程特征、现场条件和检查项目规模,结合养护历史资料制定检查方案,明确检查目的、内容和方法,交通组织、数据管理和专项评定方案等。

本条规定了专项检查前应当制定检查方案,以及制定方案的主要依据,包括检查对象工程特征、现场条件、检查项目规模及养护历史资料等。专项检查方案的主要内容可以参照第4.5节第1)条的定期检查方案。

3)检查及评定内容和方法

(1)检查及评定内容分类

> 4.8.3 专项检查及评定内容应根据检查目的和检查对象工程特征等确定,并应包括公路基础设施技术状态及病害情况,结构承载能力、耐久性、抗灾能力和安全性等专项性能。

根据检查目的和检查对象工程特征等,专项检查及评定内容总体分为技术状况和专项性能两个方面。

一是技术状况,即技术状态及病害情况检测和调查,并在此基础上进行技术状况评定,是对公路基础设施综合状况的检查及评定。

二是专项性能,包括结构物承载能力、耐久性和抗灾能力,公路通行能力和安全性,路面结构强度等,根据检查目的及对象,可能为一项或多项性能的检查及评定。

根据本条和本标准第4.8.1条的规定,专项检查及评定主要内容见表4-18,具体检查及评定项目根据检查目的及有关规定确定。

表4-18 专项检查及评定主要内容

适用情形	检查及评定主要内容	要求专项检查的条文
养护决策需要时	决策对象技术状况	第5.1.2条
养护工程设计需要时	技术状况及病害情况,结构承载能力、耐久性或抗灾能力、通行能力、安全性等专项性能,相关资料的勘测	第6.1.2条
经常检查、定期检查后	病害程度及成因,结构承载能力或抗灾能力等专项性能,水下基础技术状况等	第4.4.3和4.5.3条
重要工程项目交工后	技术状况和几何构造等数据	
接养公路时	公路技术状况	第9.2.1条
经监测或风险评估需专项检查时	结构技术状况或抗灾能力等	第4.9.5条
超过设计使用年限时	全线整体技术状况	

(2)技术状况和专项性能的检查及评定

> 4.8.4 各类基础设施技术状态检测和调查内容应符合本标准第4.5.2条的规定,技术状况评定应符合本标准第4.7节的有关规定。结构承载能力、耐久性、抗灾能力和安全性等专项性能检查及评定应符合国家和行业现行有关标准的规定。

本条规定了专项检查及评定中,技术状况和专项性能检查及评定的内容和方法。其中,技术状况检查及评定按本标准执行,专项性能检查及评定按行业现行有关标准执行。

①技术状况检查及评定。

专项检查中的技术状态检测和调查为技术状况评定服务,其要求与定期检查相同,评定与一般技术状况评定相同,故本条要求技术状态检测和调查内容按本标准第4.5.2条的规定确定,技术状况评定按本标准第4.7节的有关规定执行。

②结构承载能力检查及评定。

结构承载能力检查及评定包括桥梁、隧道和支挡结构物等的承载能力检查及评定,以及路面结构强度检查及评定等。通过检查评定,确定结构承载能力是否满足设计要求,具体如下:

桥梁承载能力检查及评定,按现行《公路桥梁承载能力检测评定规程》(JTG/T J21)执行。根据该规程,桥梁承载能力检测评定包含桥梁缺损状况检查评定、桥梁材质状况与状态参数检测评定、桥梁承载能力检算评定,必要时进行荷载试验评定。其中,桥梁缺损状况检查评定属于技术状况检查及评定,按本标准的规定不属于承载能力检查及评定范畴;桥梁材质状况与状态参数检测评定,包括桥梁几何形态参数检测评定、桥梁恒载变异状况调查评估、桥梁材质强度检测评定、混凝土桥梁钢筋锈蚀电位检测评定、桥梁结构自振频率检测评定、拉吊索索力检测评定、桥梁基础与地基检测评定等;桥梁承载能力检算评定,即根据检测和调查获取的技术参数和结构数据等,结合竣工或设计资料,按照现行桥梁设计规范进行检算评定。对于现行设计规范未涵盖的特殊结构桥梁,或现行设计规范规定的计算方法不能适用的结构损伤,则采用通过技术鉴定和工程实际应用验证的分析方法进行检算。

隧道承载能力检查及评定,包括衬砌混凝土强度和结构刚度等检测及试验,按现行《公路隧道设计规范 第一册 土建工程》(JTG 3370.1)等进行检算评定。混凝土强度检验评定按现行《混凝土强度检验评定标准》(GB/T 50107)执行。

支挡结构物承载能力检查及评定,包括重力式挡土墙、悬臂式挡土墙、土钉墙、锚杆挡土墙、预应力锚杆和抗滑桩等路基支挡结构物,可以参照现行《铁路路基支挡结构检测规程》(TB 10450)的规定检测其结构尺寸、完整性、钢筋分布和墙身强度等,必要时对基底承载力进行勘察,并按现行《公路路基设计规范》(JTG D30)的有关规定对挡土墙强度及稳定性等进行检算评定。

路面结构强度检查及评定,按现行《公路技术状况评定标准》(JTG 5210)和《公路路基路面现场测试规程》(JTG 3450)等执行。

③耐久性检查及评定。

根据《公路工程混凝土结构耐久性设计规范》(JTG/T 3310—2019)第2.1.1条,结构耐久性指"在设计确定的环境作用和维护、使用条件下,结构及其构件在设计使用年限内保持其安全性和适用性的能力"。

对于桥涵和隧道等混凝土结构,通过耐久性现状检测和评定,确定结构耐久性等级,并作为养护决策和制定预防养护技术措施的重要依据。

根据《既有混凝土结构耐久性评定标准》(GB/T 51355—2019)第3.1.5条的规定,混凝土结构构件耐久性按下列规定评定等级:

a级:在目标使用年限内,构件耐久性满足要求,可不采取修复、防护或其他提高耐久性的措施。

b级:在目标使用年限内,构件耐久性基本满足要求,可不采取或部分采取修复、防护或其他提高耐久性的措施。

c级:在目标使用年限内,构件耐久性不满足要求,应及时采取修复、防护或其他提高耐久性的措施。

混凝土结构耐久性现状检测项目见表4-19。

表4-19 混凝土结构耐久性现状检测项目

环境类别	环境类型	常规检测	专项检测
Ⅰ	一般环境	构件几何尺寸、保护层厚度、外观缺陷与损伤;混凝土抗压强度、钢筋锈蚀状况;构件开裂状况	碳化深度、混凝土渗透性、钢筋自然电位、混凝土电阻率
Ⅱ	冻融环境		剥落面积、剥落深度
Ⅲ	海洋氯化物环境		混凝土中氯离子浓度分布
Ⅳ	除冰盐等其他氯化物环境		混凝土中氯离子浓度分布、剥落深度
Ⅴ	硫酸盐侵蚀环境		剥落深度、混凝土中硫酸根离子浓度分布
	碱-骨料反应		碱含量及骨料碱活性、混凝土含水率

注:资料来源于《既有混凝土结构耐久性评定标准》(GB/T 51355—2019)表4.3.1。

④抗灾能力检查及评定。

抗灾能力指路基、边坡、防护工程、桥梁、隧道、调治构造物、防风雪和防雪崩设施等的抗震、抗洪或抗风雪性能等。

抗灾能力检查及评定一般采取现场检测采集数据、按有关设计标准验算分析的方法，对于特别重要的桥梁等构造物，必要时还需进行模拟试验。

桥梁抗震性能评价按现行《公路桥梁抗震性能评价细则》（JTG/T 2231-02）执行。有关设计标准包括现行《公路桥梁抗震设计规范》（JTG/T 2231-01）和《公路隧道抗震设计规范》（JTG/T 2232）等。

⑤通行能力检查及评定。

通行能力检查及评定重点针对通行能力明显不足的局部路段和路线交叉。通行能力检查包括基本路段和路线交叉的交通量及其分布、几何构造、运行速度和路侧干扰因素等调查，并按报批中的《公路通行能力规范》的有关规定，进行运营阶段通行能力分析，评价其服务水平能否满足设计服务水平的要求。

⑥安全性检查及评定。

安全性检查及评定重点针对交通事故多发点或路段。安全性检查包括交通事故资料、运行速度、路线线形指标、视距、超高、路侧净宽、建筑限界、路线交叉几何构造和交通安全设施等的调查，按现行《公路项目安全性评价规范》（JTG B05）进行安全性评价。对于护栏等交通安全设施，其安全性能按现行《公路护栏安全性能评价标准》（JTG B05-01）进行评价。

4）专项检查报告

4.8.5 专项检查应编制专项检查报告，提供必要的验算分析，提出专项检查及评定结论，以及必要的养护对策建议等。

专项检查报告通常包括工程概况、检查评定目的和依据、检查项目及方法、数据处理、验算分析、主要病害分析、检查及评定结论、养护对策措施建议等内容,并附原始检查数据和调查资料等。

4.9 结构监测

1)结构监测对象

4.9.1 结构监测对象应根据基础设施重要程度、结构特征、环境条件、技术状况、风险管理和设计要求等,按本标准第3.4.2条规定的原则确定,并应包括下列基础设施:

1 主跨跨径大于或等于500m的悬索桥、大于或等于300m的斜拉桥、大于或等于200m的拱桥、大于或等于160m的梁桥;

2 水下隧道;

3 处于复杂环境或结构特殊的其他桥梁和隧道,技术状况等级为3类、4类且需跟踪观测的桥梁和隧道;

4 设计文件要求或经风险评估应监测的路基、高边坡及结构物、桥梁和隧道等。

按监测对象划分,监测可分为结构监测、地质灾害监测、气象灾害监测和环境监测等,本标准以基础设施为主要对象,故重点对结构监测做出规定。

根据本标准第3.4.2条的规定,结构监测对象为具有特殊重要性或特殊要求的基础设施,以及存在高度安全风险的设施,故要求根据其重要程度、技术状况、风险管理和设计要求等确定,据此归纳为下列但不限于下列所列几类基础设施:

(1)特殊重要桥梁,指一旦损坏将造成生命财产重大损失或产生重大社会影响的桥梁,包括本条第1款所列几类大跨径桥梁。

(2)特殊重要隧道,指对变形及差异沉降有严格限制,且一旦损坏将造成生命财产重大损失或产生重大社会影响的桥梁,包括水下隧道。

(3)处于复杂环境或结构特殊的其他桥梁和隧道,以及技术状况等级为3类、4类且需跟踪观测的桥梁和隧道。

(4)设计要求监测的设施,包括设计文件提出要求监测的路基、高边坡及结构物、桥梁和隧道等。这些设施所处环境或其结构往往具有特殊性,或为采用新技术和新工艺,可能存在一定安全风险的基础设施。对于这类设施,设计阶段除了提出监测要求外,一般还会结合结构设计同时提供监测设施设计,包括测点布置、监测设备的安装、走线方式、预埋管、保护装置及相应标志标识的设立等。行业有关设计标准对结构监测设施的设置有明确规定,如《公路桥涵设计通用规范》(JTG D60—2015)第3.8.6条规定:"技术复杂的大型桥梁工程可根据需要设置必要的结构监测设施。"

(5)存在安全风险的设施,指经安全风险评估,可能发生且一旦发生将造成生命财产较大损失或产生较大社会影响的路基、高边坡及结构物、桥梁和隧道等。

2)预警值与监测方案

> 4.9.2 结构监测应根据行业现行有关设计标准和监测对象控制要求等设定预警值,结合现场及周边环境条件制定监测方案,明确监测目的、监测内容、测点和设备布置、数据采集、数据管理和预警方案等。

(1)监测预警值

所称监测预警值(precaution value for monitoring),根据《建筑与桥梁结构监测技术规范》(GB 50982—2014)第2.1.8条,指"为保证工程结构安全或质量及周边环境安全,对表征监测对象可能发生异常或危险状态的监测量所设定的警戒值"。监测预警值是监测期间结构正常、异常或危险等状态的判断依据,通常根据控制要求分级进行制定。监测预警是结构监测的主要目的之一,是预防事故发生、确保工程结构及周边环境安全的重要措施,故设定预警值是结构监测的强制性要求。

在《公路桥梁结构监测技术规范》(JT/T 1037—2022)中,桥梁监测预警值又称为超限阈值(alarming threshold),第3.7条将其定义为"对桥梁环境、作用、结构变化、关键结构构件可能出现的各种级别的异常或风险,各监测点数据特征指标所设定的临界状态警戒值"。该标准第11.3.3条按悬索桥、斜拉桥、梁桥和拱桥4类桥型,对监测数据超限阈值分3个级别进行了规定。

(2)监测方案

结构监测是一项系统性很强的工作,因此在监测前需依据行业现行有关结构设计标准、监测对象结构性能及控制要求、现场及周边环境条件等,制定详细的监测方案,为建立监测系统和实施监测提供依据。

监测方案的主要内容包括监测目的、监测内容和方法、测点布置及监测系统构成,以及数据采集、管理和预警方案等。

3)监测内容与监测参数

> 4.9.3 监测内容应根据结构监测目的、监测对象工程特征和技术状况、环境条件及相关影响因素等经分析确定。监测参数的选择应满足对结构技术状态监控、预警及评估的要求。

(1)监测内容

结构监测内容的确定原则,即根据结构监测目的、监测对象工程特征和技术状况、环境条件及相关影响因素等经分析确定。根据现行有关标准,主要监测内容包括:

①路基:包括路基沉降和地表位移、边坡及结构物变形和应变、地表水和地下水、温湿度、雨量和结冰等。

②桥梁:包括结构变形、基础冲刷、荷载、应变、动力响应、环境及效应、支座反力和位移、基础沉降等。

③隧道:包括结构变形、应变和孔隙水压力等。

④地质灾害体:当基础设施位于或邻近地质灾害体影响范围时,结构监测内容还包括地质灾害体影响范围内的位移、地表及地下变形、与变形有关的物理量、相关因素和宏观前兆等。

(2)监测参数

监测参数的选择原则,即满足对结构技术状态监控、预警及评估的要求。

监测参数包括静态参数和动态参数。其中,静态参数包括静力荷载(作用)所产生的应变、变形与裂缝,温湿度及腐蚀类等环境参数;动态参数包括动力荷载(作用)产生的加速度、速度、动位移、动应变等参数,以及结构频率、振型及阻尼比等动力特性参数。

4)监测手段

> 4.9.4 结构监测宜采用具备数据自动采集功能的监测系统,并应具备完整的传感、调理、采集、传输、存储、数据处理及控制、预警及评估等功能。

本标准推荐采用具备数据自动采集功能的监测系统进行监测。所称监测系统,指通过安装于监测对象的传感器,以及数据采集、传输、处理和管理等软硬件,对数据进行自动收集、处理和分析,并对监测对象技术状态进行评估和预警的系统。其功能归纳为传感、调理、采集、传输、存储、数据处理及控制、预警及评估等。其中,控制功能包括查询监测数据,或通过数据采集分析仪查询监测系统工作状态,并生成数据记录文件;预警功能指当监测值超出预警值时,系统能按照设定的程序及时预警。

在监测系统建成后,还应当编制监测系统报告,根据《建筑与桥梁结构监测技术规范》(GB 50982—2014)第3.4.12条,"监测系统报告应包括项目概况、施工过程、监测方法和依据、监测项目及监测系统操作指南"。

当监测项目以变形为主时,也可以采用定期观测方法,即利用仪器设备对永久观测点定期进行数据采集,并定期进行分析。

5) 异常情况的处置

> 4.9.5 结构监测期间,监测数据异常时应对监测对象和监测系统进行核查;监测值超过预警值时应立即上报,并对监测对象进行专项检查,结合监测数据对结构性能进行评定,根据评定结论采取相应的工程处理措施,必要时应采取限制通行或禁止通行措施。

监测数据出现异常,可能由监测对象出现异常情况而引起,也可能由监测系统出现故障而引起,故对监测对象和监测系统均应当进行核查。

当监测值超过预警值时,意味着监测对象可能出现异常情况或处于危险状态,因此应当立即上报,并赴现场对监测对象进行专项检查,查明异常情况性质、严重程度、影响范围及成因等,同时结合监测数据对其结构性能等进行评估分析,为制定相应的工程处理对策提供依据。当情况严重并危及通行安全时,还应当采取必要的限制通行或禁止通行措施。

6) 数据分析

> 4.9.6 结构监测应结合经常检查、定期检查和专项检查数据,定期分析各类监测数据并形成分析报告,提出监测数据分析结论,以及必要的养护对策建议等。

本条规定了应当定期分析各类监测数据并形成数据分析报告。所称各类监测数据,包括环境、作用、结构响应和结构变化等监测数据。根据

《公路桥梁结构监测技术规范》(JT/T 1037—2022),桥梁结构监测定期分析并形成的报告包括季报和年报,针对特殊事件还要出具特殊事件专项报告。其中,季报和年报主要内容包括规定时间内的监测数据分析结论、超过限值的数量、比例、位置和时间等。特殊事件专项报告指桥梁在遭受异常外力作用等特殊事件时,经特殊事件数据评估分析后出具的分析报告,报告内容除数据分析结论外,还包括养护对策建议等。

按照本标准第4.9.5条的规定,监测数据异常或超过预警值时,应当对监测对象进行专项检查,并结合监测数据对结构性能进行评定,评定后出具的专项报告内容及要求可以参照上述特殊事件专项报告。

经常检查、定期检查和专项检查等获得的数据,也是反映结构性能及其变化情况的重要数据,故规定监测数据分析应当结合这些检查数据进行。

数据分析报告又称监测报表,报告内容除监测数据分析结论及养护对策建议外,根据《建筑与桥梁结构监测技术规范》(GB 50982—2014)第3.4.13条的规定,还包括规定时间内的监测结果与结构分析结果的对比、预警值和监测结论等。

5 养护决策

5.1 一般规定

1）养护决策基本流程

5.1.1 养护决策应收集和分析决策对象基础数据和路况数据,明确养护决策目标,开展养护需求分析和方案决策分析,优化选择养护方案。

广义的科学决策是提出问题并确定目标、拟定可行方案、优化选择方案的过程。本条根据科学决策理论,结合公路养护工作特征和各地养护决策实践经验,提出了公路养护决策的主要工作内容,包括收集分析数据、明确决策目标、养护需求分析、方案决策分析等,这些工作同时构成了公路养护决策的基本流程,如图 5-1 所示。

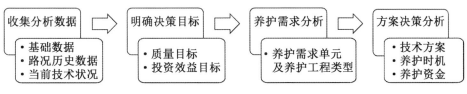

图 5-1 公路养护决策基本流程

2）数据收集与分析

5.1.2 养护决策可利用有效期内的定期检查及评定成果作为当前技术状况资料,资料不足时应通过专项检查及评定进行补充。

养护决策需收集和分析的数据包括基础数据和路况数据。通过收集分析基础数据和路况数据,掌握决策对象基本信息、当前技术状况及发展趋势。除此之外,还需收集现有养护财力和物力等资料,并在养护决策分析过程中充分考虑方案实施条件等因素。

基础数据指包含公路技术等级、技术标准和基础设施构造信息,以及环境和经济等信息的数据。

路况数据指包含历次路况检查及评定、结构监测、交通量及其组成,以及历次实施的养护工程等信息的数据。其中,当前技术状况资料是养护决策分析的重要基础资料。

所称当前技术状况资料,指制定当年养护方案所依据的技术状况资料,或预测未来技术状况的起算资料,包括技术状况指标或分项指标、技术状况等级、病害形态和成因等。

当前技术状况资料原则上应当采用最新检查及评定成果,由于技术状况数据具有动态特征,故本条特别强调所利用的定期检查及评定成果应当在有效期内。

对于养护规划决策分析,有效期即自检查评定到规划起始年之间,且此期间基础设施技术状况未发生明显变化的时间段。一般情况下,最长不超过一年。

按照现行有关标准规定的定期检查项目及内容,可能未包含决策对象的全部分项设施及分析所需的性能指标等内容。另一方面,最近的定期检查及评定成果可能超过了有效期,对于此类情况,尚需通过专项检查及评定进行补充。

3)决策目标

5.1.3 养护决策目标应包括养护质量目标和投资效益目标,根据公路技术等级、交通量及其组成、决策对象工程特征和规定的养护质量要求等,结合环境和养护条件经综合分析确定。

(1)决策目标的组成

养护决策目标指在一定的环境和条件下,所选方案实施后希望达到的结果。在养护决策分析中,目标是决策的出发点、归宿和关键,因此必须明确、设定合理,且对于特定的基础设施和区域具有针对性和可行性。

养护决策分析通常采用多目标决策方法。在决策目标中,养护质量目标是必须要求目标,除此之外,还包括其他若干愿望要求目标,如经济效益、环境效益和社会效益等。为便于表述,本标准将各类效益目标归并为投资效益目标。

养护决策目标组成示意如图5-2所示。

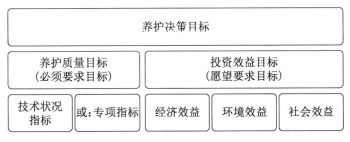

图5-2 养护决策目标组成示意图

(2)养护质量目标

养护质量目标指养护方案实施后,在养护设计使用年限内仅通过日常养护所能保持的最低技术状况。

反过来讲,养护设计使用年限即养护工程实施后仅通过日常养护就能满足养护质量目标要求的最低年限。当交通量为确定养护质量目标的参数时,应当采用养护设计使用年限的预测交通量。

养护质量目标一般采用技术状况指数或专项指标来表征。质量目标值能保持优等固然最佳,但当养护资金等实施条件受限时,往往难以通过一次性养护工程就使每个评定单元均能达到这一目标要求,对于有限资金的使用效益也未必最佳。故一般情况下,质量目标值需通过敏感性分析确定,即针对特定的决策对象、环境和养护条件等,通过质量目标值在一定范围内浮动,分析、测算其对资金规模和预期技术状况产生的影响,进而选取其中既能适应养护投资条件，又能满足路网级养护质量要求，且资金使用效益最佳者作为养护质量目标。通过敏感性分析选取的质量目标值可能低于优等，但最低不得小于养护阈值，此时结构可能仍存在轻度功能性缺陷，但尚具备正常的使用功能。

(3) 投资效益目标

投资效益目标指养护方案实施后，在全生命周期内所产生的经济效益、环境效益和社会效益等，实际应用时，根据对方案的影响程度选取具体目标内容。

经济效益包括减少的养护费用、降低的安全风险和地质灾害风险费用等。

环境效益如通过实施快速养护技术方案所降低的噪声污染和空气污染费用，以及通过使用再生利用材料所节约的资源费用等。

社会效益包括营运效益的提升和促进社会经济发展所带来的利益等。

4) 决策分析手段

> 5.1.4 养护决策分析宜建立和应用具备数据管理与分析、养护需求分析、方案决策分析和养护工程项目库管理等功能的信息化系统。决策分析模型应针对特定的分析对象、交通和环境条件，并应定期标定和修正。

养护决策分析提倡采用信息化系统，该系统具备的功能包括数据管理与分析、养护需求分析、方案决策分析和养护工程项目库管理等。

一个完善的养护决策分析信息化系统，离不开一系列决策分析模型的支撑。有关决策分析模型包括基础设施性能预测模型、养护对策分析模型和投资效益分析模型等。由于不同的决策对象、交通和环境条件具有不同的工程特性、性能衰减规律、养护对策及其制约因素等，故决策分析模型的针对性就显得十分重要,包括应针对特定的分析对象、交通和环境条件等,具体体现为一路一模型、一类设施一模型的建模原则。

5.2 养护需求分析

1)目的与流程

5.2.1 养护需求分析应根据养护阈值和评定单元技术状况,确定需实施养护工程的养护需求单元及养护工程类型。

养护需求分析的目的,是提出需实施养护工程的养护需求单元及其养护工程类别,其主要流程包括明确养护阈值、阈值与指标对比分析、确定养护需求单元。

2)养护阈值

5.2.2 养护阈值应根据公路技术等级和指标重要程度等经综合分析确定,宜在中或3类的指标区间取值,三、四级公路对安全影响较小的养护阈值可适当降低,但不得低于次或4类的指标区间中值。

所称养护阈值,指触发养护工程的评定单元技术状况指标或分项指标的临界值。

养护阈值的取值原则即根据公路技术等级、指标重要程度和通行安全要求等,结合公路总体养护质量要求,经综合分析确定。一般情况下,养护阈值的取值范围为中或 3 类的指标区间,即根据技术状况等级评定标准的规定,技术状况等级为中或 3 类时所对应的指标区间。根据技术状况等级定性描述,此种情况下基础设施虽有较明显病害,部分服务功能有所降低,但发展较慢,尚能维持车辆及行人的正常通行。

对于三、四级公路,如果评定单元的任一指标在中或 3 类状态下就要启动养护工程,实际工作中因受实施条件的限制可能存在较难实现的情况,故本条同时规定,三、四级公路对安全影响较小的养护阈值可适当降低,但不得低于次或4类的指标区间中值。例如,路面技术状况等级为次的指标区间为[60,70),其中值即65。

按照"根据公路技术等级和指标重要程度等经综合分析确定"养护阈值的要求,在规定的指标区间范围内,公路技术等级越高、技术状况指标或分项指标对安全的影响越大,养护阈值越应该靠近指标区间的上限取值。

现行《公路沥青路面养护技术规范》(JTG 5142)和修订中的《公路水泥混凝土路面养护技术规范》均提出了触发养护工程的养护阈值。例如,根据《公路沥青路面养护技术规范》(JTG 5142—2019)第3.2.1条第2款的规定,当评定单元沥青路面技术状况指数及其分项指标不满足表5-1的要求时,应实施养护日常维修或养护工程,表中规定的最低值即养护阈值。

表5-1 每个基本单元沥青路面应满足的技术状况

路况指标	高速公路	一级及二级公路	三级及四级公路
PQI	≥80	≥75	≥70
PCI	≥80	≥75	≥70
RQI	≥80	≥75	≥70
RDI	≥75	≥70	—
SRI	≥75	≥70	—

注:资料来源于《公路沥青路面养护技术规范》(JTG 5142—2019)表3.2.1-2。

3)养护需求单元

(1)养护需求分析基本单元

5.2.3 养护需求分析应以评定单元作为基本单元。

养护需求分析基本单元即养护决策分析的基本单元。本条所称评定单元,指本标准第5.1.2条规定的检查及评定工作中划分的评定单元。评定单元的确定和划分分别见本标准第4.7.3条和第4.5.5条的规定。

在养护需求分析前,需要根据检查及评定成果,对所有评定单元按设施类型、技术状况等级、病害形态和成因等进行归类,即将基础设施类型相同,且技术状况等级、病害形态和成因相同或相近的评定单元归并为同一类评定单元。养护需求分析时,以每一类评定单元作为分析对象。

(2)养护需求单元的确定

> 5.2.4 养护需求单元应通过评定单元技术状况指标及分项指标与养护阈值的对比,经综合分析确定,并应符合下列规定:
> 1 评定单元技术状况指标及分项指标小于养护阈值时,应列为修复养护工程需求单元。
> 2 评定单元技术状况指标及分项指标大于或等于养护阈值时,应根据基础设施工程特征、技术状况及衰变规律,结合建养历史及养护条件,经分析确定预防养护工程需求单元。

本条规定了养护需求单元的确定方法,即养护阈值与指标对比分析的方法。通过评定单元技术状况指标及分项指标与养护阈值的对比,经综合分析确定养护需求单元及其养护工程类别。

以路面评定单元为例,路面技术状况指标为 PQI,其养护阈值假定为75,养护需求单元的确定方法如下:

①评定单元 PQI 小于75时,列为修复养护工程需求单元。当采用结构性修复难以全面恢复其技术状况时,还可能需要采取提升结构强度的路面改建或重建等工程措施。

②评定单元 PQI 大于或等于75时,具体采用哪类养护,与技术状况指数大小、基础设施工程特征、病害性质及规模、技术状况衰变规律,以及建养历史及养护条件有关,故规定应当经分析确定预防养护工程需求单

元。例如,路面 PQI 在 80 左右且无结构性破坏时,实施预防养护工程的可能性较大,如果病害是零星的,通过日常维修也可以恢复其技术状况,当存在结构性破坏时,则需实施修复养护工程。如果 PQI 达到了 90 及以上,则一般只需正常进行日常养护。

未列入养护需求单元的评定单元,一般只需进行常规的日常养护。

4) 质量目标、养护阈值与养护工程的关系

综合此前相关内容,以修复养护工程为例,养护质量目标值、养护阈值与养护工程的关系示意如图 5-3 所示。

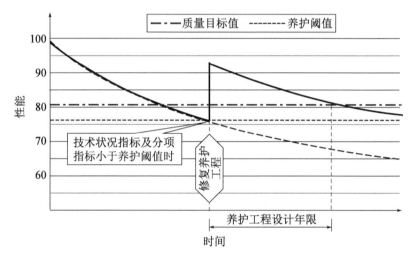

图 5-3 养护质量目标值、养护阈值与养护工程的关系示意图

5.3 方案决策分析

1) 方案决策分析与备选方案

5.3.1 方案决策分析应在养护需求分析的基础上,根据养护需求单元技术状况及养护工程类别等,通过养护对策分析,提出可供比选的技术方案作为备选方案,且每类养护需求单元的备选方案不应少于 2 个。

(1)方案决策分析流程

方案决策分析指针对各类养护需求单元,通过综合评价分析各备选养护方案,选取其中整体效益最佳方案作为推荐方案的过程,其主要流程包括提出需求单元备选方案、方案综合评价分析、选取整体效益最佳方案。

(2)养护需求单元备选方案

方案决策分析是一个多方案、多目标比选的过程,因此针对每一类养护需求单元,需首先拟定可供比选的若干养护方案,作为方案决策分析的对象。

备选方案的选择,推荐利用养护对策库进行方案初选,再经基于养护对策分析模型的分析,选取2个及2个以上的备选方案。

养护对策库指针对各类基础设施不同技术状况和典型病害,结合交通和环境等条件构建的养护工程技术方案的集合。养护对策库针对性和实用性强,不仅能为决策分析信息化系统提供数据支撑,同时也能在养护工程设计阶段为技术方案的比选提供技术支持。故鼓励养护单位建立和应用养护对策库。

2)方案评价分析

> 5.3.2 方案决策分析应依据养护决策目标,在分析各备选方案实施效果、成本和效益等方面评价指标的基础上,通过综合评价分析,选取其中整体效益最佳的方案作为推荐方案。

方案决策分析的主要手段是方案综合评价分析,即在拟定养护需求单元多个备选方案后,分别对各备选方案进行多因素评价和综合评价分析,选取其中整体效益最佳的方案作为该需求单元的养护推荐方案。

(1)评价指标体系

多因素评价分析,即按照评价指标体系,分别对各方案进行各项指标的分析评价。

评价指标体系依据养护决策目标,根据决策对象工程特征、环境和养护条件等确定。指标体系中包括养护质量、成本和效益等指标,各评价指标之间还需建立内在的有机联系。

本条所称方案实施效果,指养护方案实施后在设计使用年限剩余的技术状况指标或分项指标,也可称为养护质量指标,一般通过使用性能预测模型预测获得。由于养护质量目标是必须要求目标,因此养护质量指标满足养护质量目标的要求是方案成立的前提。

成本指标是衡量效益/成本比的重要指标,指实施养护方案所投入的资金等资源,通过估算确定。

效益指标包括养护方案实施后所带来的经济、环境和社会效益等,其中的经济效益包括安全效益,通过方案实施后所产生的各类效益估算确定。

(2)综合评价分析

综合评价分析提倡采用基于综合评价模型的分析方法。所称综合评价模型,指在各项评价指标的基础上,形成能反映方案整体效益的综合指标,并按综合指标的优劣进行评价的模型。

(3)方案评价分析流程

综上,基于多项评价指标和综合指标的方案评价分析流程示意如图 5-4 所示。图中所示最终选择的推荐方案,不仅综合指标最佳,而且设计使用年限剩余性能指标满足养护质量目标的要求。

备选方案	方案1	方案2	方案…	方案n
评价指标i	$i_{1,1}$	$i_{2,1}$	$i_{…,1}$	$i_{n,1}$
	$i_{1,2}$	$i_{2,2}$	$i_{…,2}$	$i_{n,2}$
	$i_{1,…}$	$i_{2,…}$	$i_{…,…}$	$i_{n,…}$
	$i_{1,m}$	$i_{2,m}$	$i_{…,m}$	$i_{n,m}$
综合指标I	I_1	I_2	$I_…$	I_n
推荐方案	$I_1 \sim I_n$ 中最佳者			

图 5-4 方案评价分析流程示意图

3)评定单元决策分析全流程

综合本标准第 5.1 和 5.2 节、第 5.3.1 和 5.3.2 条内容,可以列出评定单元的养护决策分析全流程,如图 5-5 所示。

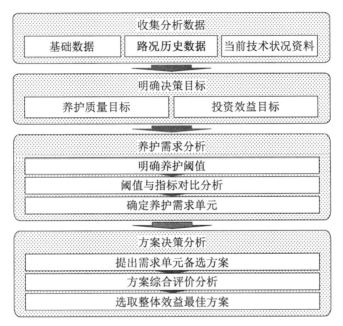

图 5-5 评定单元养护决策分析全流程示意图

4)养护规划决策

(1)养护规划决策分析

5.3.3 养护规划决策应对规划期内各年度的规划方案进行养护决策分析,根据评定单元各年度的技术状况预测值,按本标准第 5.2 节、第 5.3.1 条和第 5.3.2 条的规定进行养护需求分析和方案决策分析,并经统计分析提出规划期内各年度需实施养护工程的基础设施、技术方案及资金需求。

养护规划决策,指为编制公路养护中长期规划和年度计划,而对规划期内各年度养护规划方案进行的决策。

本标准第5.2节、第5.3.1和5.3.2条等,给出了以评定单元为对象的养护需求分析、养护方案决策分析方法及技术要求。养护规划决策分析时,即采用上述规定的方法,按图5-5所示流程,分别对规划年限内各年度的各类评定单元进行决策分析,再按路段对各年度决策分析成果进行统计分析,得出各年度需实施养护工程的基础设施、技术方案和资金需求。

与当年养护工程技术方案决策分析不同的是,未来年度养护需求分析和方案决策分析所依据的评定单元技术状况数据,系以当前技术状况资料为基础,通过使用性能预测模型预测获得。

(2)规划方案优化分析

> 5.3.4 实际资金投入水平低于资金需求时,养护规划决策尚应通过项目优先排序和投资效益分析,优化各年度养护工程项目安排和资金分配计划。

当实际资金投入水平低于资金需求时,尚需对养护规划决策分析得出的规划方案进行优化分析。

规划方案优化分析,即通过项目优先排序和投资效益分析,对规划决策分析得出的各年度计划实施项目进行优选,以将有限的养护资金分配到路网中最需要实施的养护工程项目上,从而获得最大的投资效益。

项目优先排序分析和投资效益分析,即根据基础设施技术状况、交通量、公路技术等级和使用年限等,综合分析预算约束条件下不同资金分配方案达到的效益,并按效益大小对各类基础设施各类养护工程项目进行优先级排序,优化各年度养护工程项目安排和资金分配计划。

(3)养护规划决策分析报告

> 5.3.5 在养护决策分析成果的基础上,应编制养护决策分析报告。养护规划决策分析报告应提出规划期内各年度计划实施的养护工程项目、工程类别、技术方案及资金投入等建议。针对计划实施的养护工程项目,应构建公路养护工程项目库,为编制公路养护年度计划提供技术支撑。

养护规划决策分析报告的主要内容包括规划期内各年度计划实施的养护工程项目、工程类别、技术方案及资金投入等建议,从而为编制公路养护中长期规划和年度计划提供依据。

列入计划拟实施的预防养护工程和修复养护工程项目,同时也为构建或动态调整公路养护工程项目库提供了依据。

(4)养护规划决策流程

综合本标准第5.3.3~5.3.5条,养护规划决策分析的主要流程示意如图5-6所示。

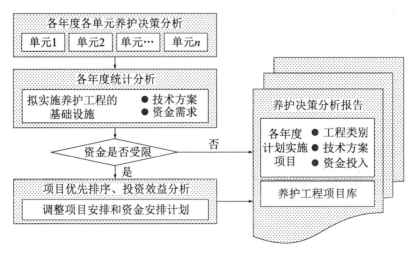

图5-6 养护规划决策分析主要流程示意图

6 养护工程设计

6.1 一般规定

1)设计阶段及主要内容

> 6.1.1 养护工程应根据其技术复杂程度开展一阶段施工图设计或技术设计和施工图设计两阶段设计,确定并细化养护工程技术方案,提出工程材料指标、施工工艺及验收标准、交通组织方案和技术措施,编制养护工程设计文件和预算文件。

(1)设计阶段

《公路养护工程管理办法》(交公路发〔2018〕33号)第二十七条规定:"养护工程一般采用一阶段施工图设计。技术特别复杂的,可以采用技术设计和施工图设计两阶段设计。""应急养护和技术简单的养护工程可以按照技术方案组织实施。"

一般情况下,养护工程多采用一阶段施工图设计,需要采用两阶段设计的技术特别复杂的情形,包括特殊结构桥梁的结构加固、维修技术特别复杂或施工风险高的桥梁结构修复、连拱隧道中墙和分岔隧道分岔结构修复、水下隧道的差异沉降处置、穿越环境敏感区和生态脆弱区的养护工程等。

应急养护和技术简单的养护工程可以不开展施工图设计,但应急检查报告或专项检查报告提出的技术方案深度不能满足施工需要时,应当进一步对技术方案进行设计。

(2)设计任务

养护工程为一阶段设计时,施工图设计的任务是根据设计合同、专项检查及评定资料等,编制养护工程设计文件和预算文件,满足审批要求和养护工程施工需要。

当为两阶段设计时,技术设计的任务是根据设计合同、专项检查及评定资料等,对重大和复杂的技术问题进行试验研究,确定技术方案并作为施工图设计的依据。

按技术方案组织施工时,技术方案设计的任务是根据专项检查及评定资料或应急检查资料等,编制养护工程技术设计文件,满足养护工程施工需要。

(3)设计内容

根据本条要求,养护工程设计的主要内容包括确定并细化养护工程技术方案,提出工程材料指标、施工工艺及验收标准、交通组织方案和技术措施等。

①确定并细化技术方案。

对于公路新建工程,当为两阶段设计时,技术方案根据可行性研究提出的方案,在初步设计阶段论证确定;当为一阶段设计时,技术方案根据可行性研究提出的方案,在施工图设计阶段论证确定;当为三阶段设计时,在初步设计方案的基础上,针对重大和复杂的技术问题,在技术设计阶段进一步研究落实技术方案。

对于公路养护工程,一般采用一阶段设计,且无可行性研究阶段,故技术方案一般在施工图设计阶段确定。

养护工程采用两阶段设计时,在技术设计阶段确定技术方案,对重大和复杂的技术问题,应当通过专项试验和研究确定技术方案。

技术方案确定以后,养护工程设计还需对其进一步细化,按规定进行必要的验算,并形成设计图表。

②材料指标。

根据本标准及国家和行业现行有关强制性标准的规定,设计阶段应当提出养护工程所用原材料、混合料以及半成品、成品、构件、机电设施和设备等的性能指标与产品质量要求。标准对原材料和混合料试验有明确要求的,还应当进行原材料和混合料性能指标及相关参数的试验和测试。

③施工工艺。

根据本标准和行业现行有关强制性标准的要求,以及养护工程特征和现场条件,设计阶段应当针对养护工程具体技术方案,按照保障质量、作业安全、低碳环保、技术先进的原则,提出养护工程施工工序、方法和技术要求。

④验收标准。

根据本标准和行业现行强制性标准有关质量控制与验收的规定,设计阶段应当针对养护工程对象及具体技术方案,提出养护工程施工过程质量控制要求,验收阶段的施工质量基本要求、外观质量要求、实测项目检验评定标准等。

⑤交通组织方案。

根据公路技术等级、交通量、作业类型、公路几何构造、区域路网结构及现场条件等,设计阶段应当提出养护工程项目施工期间的交通组织方案。

(4)设计文件组成

在行业未颁布实施公路养护工程设计规范和养护工程设计文件编制办法前,养护工程项目设计文件可以结合养护工程规模和设计内容等,参照现行《公路工程基本建设项目设计文件编制办法》的有关规定进行编制。

以路面修复养护工程设计为例,其施工图设计文件包括但不限于下列内容:

①设计说明。内容包括设计概况,路面技术状况、病害情况及成因,设计标准,技术方案,材料性能要求,配合比设计方案,主要施工工艺,质量验收标准等。

②养护工程数量表。

③路面结构设计图。

④路面病害分布图。

⑤路面病害处治设计图。

⑥其他设施维修改造设计图。

⑦交通组织方案。

⑧施工组织计划。

⑨施工图预算。

2)设计依据的基础资料

> 6.1.2 养护工程设计应开展专项检查及评定,查明设计对象技术状况、病害情况、结构和材料性能等,其资料时限不应超过6个月,必要时应开展基础设施几何构造数据、地质和水文等资料的勘察和调查。有监测数据时,应收集相关信息资料。

专项检查及评定的主要任务是为养护工程设计收集基础资料,包括收集相关基础资料,查明设计对象技术状况、病害情况、结构和材料性能等,主要内容包括:

(1)技术状况:设施缺损类型、程度、技术状况指数及分项指标。

(2)病害情况:设施病害类型、形态、范围、程度和成因等。

(3)结构性能:结构耐久性和构件承载能力等。

(4)材料性能:材料物理性能和力学性能指标。

(5)几何构造数据:路面结构层厚度、结构物构造尺寸、路线及路线交叉几何构造数据等。

(6)涉及结构稳定、基础承载力及地质灾害防治等养护工程,还需开展地质和水文等资料的勘察和调查。

(7)对监测中的桥梁、隧道、路基、高边坡及结构物等,还应收集相关监测数据。

(8)根据养护工程设计需要,所需收集的资料还包括交通量、交通组成和轴载谱、当地气象资料、材料单价、人工费用和地方经济指标,以及养护工程设计和施工的历史资料等。

在各项资料中,技术状况及有关性能指标为动态数据,且为制定养护工程技术方案的重要基础资料,故本条同时规定养护工程设计专项检查及评定资料时限不应超过 6 个月。所称资料时限,指从养护工程设计专项检查及评定到施工图设计的时间段。

3)设计单元

> 6.1.3 养护工程设计应以养护需求单元作为基本单元,养护需求单元的确定应符合本标准第 5.2 节的规定。

养护工程设计的基本单元又称设计单元。由于养护需求单元是养护工程技术方案决策分析的基本单元,故同时也是养护工程设计的基本单元。以设计单元为单位开展设计时,通常根据病害类型及分布、技术方案类型及施工工艺等,分类、分段进行。

根据本标准第 5.2 节的有关规定,养护需求单元通过评定单元技术状况指标及分项指标与养护阈值的对比,经综合分析确定。

4)技术方案

> 6.1.4 养护工程技术方案应根据设计对象技术状况、病害类型及成因、交通及环境条件等,经技术经济分析确定。技术复杂且存在多个可供比选的方案时,可按本标准第 5.3.1 条和第 5.3.2 条的规定,通过方案决策分析选取技术方案。在同等条件下,应选用技术成熟的快速养护技术方案。

养护工程技术方案的确定通常采用技术经济分析法。所称技术经济分析,指对多个可选技术方案进行技术和经济等方面的综合分析和比较,从中选出最佳方案的过程。其中,技术方面要考虑对设计对象技术状况、病害类型及成因、交通及环境条件等的针对性,与养护质量目标要求的符合性,以及养护材料、工艺和技术上的先进性等;经济方面要考虑养护资金投入及效益、全生命周期养护费用等因素。

可选技术方案可以根据专项检查报告建议方案、养护工程项目库方案和养护对策库,结合建养历史和当地成熟经验选取。

除技术经济分析法外,对于技术复杂且存在多个可比方案的养护工程,本标准推荐采用方案决策分析法优化选择技术方案。方案决策分析法即本标准第5.3.1和5.3.2条规定的方法。在第5章有关条文中,虽然该方法主要针对路网级养护决策,但其原理和方法同样适用于项目级养护工程技术方案的优化选择。随着信息化养护决策水平的不断提升,相信方案决策分析法会越来越广泛地应用于养护工程设计阶段技术方案的优化选择。

养护工程具有边通车边施工的特点,为降低养护工程作业对车辆通行、工程质量、交通安全及作业安全的影响,在同等条件下,提倡优先选用技术成熟的快速养护技术方案,如目前在国内许多地方已经采用的早强半刚性路面基层修复技术方案、基于树脂类混合料的路面快速修复技术方案、水泥混凝土路面预制拼装板快速修复技术方案、路面裂缝粘贴式快速修补技术方案等。

5)设计使用年限

> 6.1.5 养护工程设计使用年限应根据公路技术等级、基础设施类型及养护工程类别,结合剩余使用年限和技术状况等确定。

根据本书第5.1节第3)部分,在有关养护质量目标中对养护设计使用年限的说明,养护工程设计使用年限是指养护工程实施后,仅通过日常养护就能满足养护质量目标要求的最低年限。

养护工程设计使用年限因公路技术等级、养护工程设计对象、养护工程类别和剩余使用年限等不同而有较大差异,且在养护资金受限时还会在一定程度上考虑养护实施条件,故本条仅提出了确定养护工程设计使用年限的原则性规定。

在行业现行有关标准中,对养护工程设计使用年限已有明确规定的,可以直接采用。如《公路沥青路面养护设计规范》(JTG 5421—2018),分别对沥青路面结构性修复和功能性修复给出了设计年限和预期使用年限,见表6-1和表6-2。

表6-1 公路沥青路面结构性修复设计年限

公路技术等级	设计年限(年)	公路技术等级	设计年限(年)
高速公路、一级公路	10~15	三级公路	6~10
二级公路	8~12	四级公路	5~8

注:资料来源于《公路沥青路面养护设计规范》(JTG 5421—2018)表3.3.2。

表6-2 公路沥青路面功能性修复预期使用年限

公路技术等级	使用年限(年)	公路技术等级	使用年限(年)
高速公路、一级公路	5~8	三级公路	3~4
二级公路	4~6	四级公路	3~4

注:资料来源于《公路沥青路面养护设计规范》(JTG 5421—2018)表3.3.4。

6)技术标准的采用

6.1.6 养护工程技术标准的采用应遵循下列原则:

1 预防养护工程设计不应低于原技术标准。

2 修复养护工程设计不应低于原技术标准,涉及结构安全和交通安全的修复养护工程设计宜采用现行技术标准。

3 增设、升级改造和拆除重建等专项养护工程设计应采用现行技术标准。

本条适用于公路修建时采用的原技术标准在后期有修订的情况。养护工程设计时原技术标准和现行技术标准的采用遵循下列原则：

（1）"预防养护工程设计不应低于原技术标准"，如路面预防养护工程所采用材料的物理力学性能和技术要求等不应当低于原技术标准的要求。

（2）"修复养护工程设计不应低于原技术标准"，如桥梁结构和支挡结构物等修复养护工程设计验算采用的荷载等级、修复材料物理力学性能和技术要求等不应当低于原技术标准的要求。

（3）"涉及结构安全和交通安全的修复养护工程设计宜采用现行技术标准"，如梁式桥上部承重构件失稳的修复养护工程，设计验算时应当尽量采用现行技术标准规定的荷载等级；抗滑桩加固和防撞护栏更换等，应当尽量采用现行技术标准。

（4）"增设、升级改造和拆除重建等专项养护工程设计应采用现行技术标准"，如增设爬坡车道、更新及升级机电设施，以及其他提升交通安全保障水平和抗灾能力的专项养护工程设计，应当采用现行技术标准；支挡结构物和桥梁拆除重建等专项养护工程设计验算时，应当采用现行技术标准规定的荷载等级。

7)材料要求

> 6.1.7 养护工程设计应充分利用既有基础设施，养护工程材料的物理力学性能不得低于原设计要求，并应充分利用可回收再利用材料。

基于保障质量、节约和循环利用资源的原则，本条给出了如下规定：

（1）"应充分利用既有基础设施"，即在养护工程技术方案确定阶段，在满足方案决策目标的前提下，应当优先选择对既有基础设施进行修复、加固或改造等技术方案，最大程度利用既有基础设施。在养护工程施工期间，应当充分利用原路设置临时通行车道，或利用路网进行分流；设置临时通行便道及其他临时工程时,尽可能将其控制在既有公路用地范围内,以避免或减少新增用地。

(2)"养护工程材料的物理力学性能不得低于原设计要求",包括路基、路面养护采用的原材料和混合料,构造物修复采用的原材料和混合料,以及维护或修复采用的其他各类材料等的物理性能和力学性能,不应当低于原设计对材料的要求。

(3)"应充分利用可回收再利用材料",对于可回收再利用的材料,应当及时分拣、集中回收并再利用。例如,路面养护挖出的废旧材料,应当积极采用再生技术,实现对路面材料的循环利用,其中沥青路面材料再生利用技术包括就地热再生、就地冷再生、全深式冷再生、厂拌热再生和厂拌冷再生等,水泥混凝土路面材料再生利用技术包括就地再生利用、集中破碎再生利用等;对于构造物和沿线设施养护拆除的构件及材料,经检测维修后,如果满足规定的结构和材料技术要求,可以在本项目统一调配利用,或调配用于其他较低等级公路;养护用水应当积极利用收集的雨水及经处理的再生水;养护工程施工周转材料尽可能采用金属、化学合成材料等可回收再利用产品等。

8)交通组织方案设计依据

> 6.1.8 养护工程交通组织方案应根据公路技术等级、交通量、作业类型、公路几何构造、区域路网结构及现场条件等进行设计。

养护工程交通组织方案设计通常结合施工组织计划进行,设计依据包括公路技术等级、交通量、作业类型、公路几何构造、区域路网结构及现场条件等,具体如下:

(1)公路技术等级:不同公路技术等级及其功能和设计速度,对作业区布置、车辆临时通行方案和临时交通安全设施布置等有不同的技术要求,故公路技术等级是交通组织方案设计的主要控制要素。

(2)交通量:交通量及其组成是养护作业期间通行需求的决定性因素,也是确定车辆临时通行方案的又一控制要素。

(3)作业类型:不同作业类型需要不同的作业时间,作业时间的长短对车辆通行及作业安全具有不同的影响程度,因而作业类型是确定作业区布置、车辆临时通行和交通安全设施布置方案等的重要影响因素。

(4)公路几何构造:包括公路路线平纵面线形和横断面组成,路线交叉形式和几何构成,以及道路净空等,是确定作业区布置和车辆临时通行方案的重要基础资料。

(5)区域路网结构:指养护工程项目所在区域的路网结构,当采用路网分流方案时,区域路网结构及其通行条件是又一控制要素。

(6)现场条件:包括养护工程施工现场的地形、地物、地质和用地条件等,当需修建临时通行便道时,现场条件是又一重要影响因素。

6.2 预防养护工程

1)设计目标及针对病害

> 6.2.1 预防养护工程应以延缓公路基础设施性能衰减、延长使用寿命为目标,针对基础设施轻微病害或病害隐患,开展病害早期处治或预防工程设计。

本条从总体要求角度提出了公路预防养护工程的设计目标、针对病害和主要设计对策。

(1)设计目标:延缓基础设施性能衰减、延长使用寿命。

(2)针对病害:基础设施整体性能良好,但存在功能性轻微病害和病害隐患。

(3)主要设计对策:病害早期处治和病前预防,详见本书第3.4节第3)部分有关预防养护工程的说明。

2）路基

> **6.2.2** 路基预防养护工程应针对土路肩、边坡及结构物、排水设施等的表观病害或病害隐患进行设计，满足延缓病害发展、恢复路基防护和排水性能等要求。

根据本条规定，路基预防养护工程设计针对的主要病害和设计目标为：

（1）针对病害：路肩、边坡及结构物、排水设施等的表观病害或病害隐患。

（2）设计目标：延缓病害发展、恢复路基防护和排水性能等。

针对不同病害，路基预防养护工程设计主要方案和目标见表6-3。

表6-3　路基预防养护工程设计主要方案和目标

分项设施	病害类型	主要可选方案	设计目标
边坡	坡面冲刷、碎落崩塌等	植物防护、工程防护、综合防护等	延缓病害发展、恢复路基防护和排水性能等
防护及支挡结构物	表面破损、排水孔淤塞等	疏通或增设泄水孔、排水设施等	
排水设施	功能缺失、排水不畅等	完善排水设施	

3）路面

> **6.2.3** 路面预防养护工程应针对路面轻微病害进行设计，满足延缓路面病害发展、恢复路面行驶质量、抗滑和抗老化性能等要求。

根据本条规定，路面预防养护工程设计针对的主要病害和设计目标为：

（1）针对病害：路面抗滑性能不足、轻度裂缝、表面损坏及行车舒适性不足等轻微病害。

（2）设计目标：延缓路面病害发展，恢复路面行驶质量、抗滑和抗老化性能、防水和耐磨性能等至良好状态。

针对不同病害，路面预防养护工程设计主要方案和目标见表6-4。

表6-4 路面预防养护工程设计主要方案和目标

路面类型	病害类型	主要可选方案	设计目标
沥青路面	抗滑性能不足	微表处、碎石封层、纤维封层等	延缓路面病害发展，恢复路面行驶质量、抗滑、防水、耐磨和抗老化性能等
	轻微裂缝、松散、泛油、水损坏等	含砂雾封层、稀浆封层、微表处、碎石封层、纤维封层、复合封层、超薄磨耗层、薄层罩面等	
	行驶舒适性不足等		
水泥混凝土路面	抗滑性能不足	表面刻槽等	
	轻微裂缝、唧浆、露骨、轻度错台等	裂缝密封、灌浆稳板、错台磨平、薄层罩面等	
	行车舒适性不足等		

4）桥涵

6.2.4 桥涵预防养护工程应针对各类设施轻微病害、构件非结构性病害、环境作用引发的结构材料劣化及造成的其他不利影响等进行设计，满足延缓病害发展和结构性能衰减、提升结构耐久性等要求。

根据本条规定，桥涵预防养护工程设计针对的主要病害和设计目标为：

（1）针对病害：各类设施部件和构件表面损坏和次要构件缺损等轻微病害、构件非结构性病害、环境作用引发的结构材料劣化及造成的混凝土剥落等其他不利影响等。其中，环境作用指高温、冻融和化学侵蚀等导致材料性能退化及结构损坏的作用。

(2)设计目标:延缓病害发展和结构性能衰减、提升结构耐久性等。

针对不同病害,桥涵预防养护工程设计主要方案和目标见表6-5。

表6-5 桥涵预防养护工程设计主要方案和目标

构件类型	病害类型	主要可选方案	设计目标
钢构件	涂层、焊缝和连接螺栓等轻微缺损	补涂、焊缝磨修、螺栓更换等	延缓病害发展和结构性能衰减、提升结构耐久性等
混凝土构件	非结构性开裂、表面损坏等	封闭裂缝、破损修补等	
圬工砌体	表面风化及损坏、砌缝开裂或脱落等	涂装防护、破损修补、勾缝等	
伸缩装置、支座	功能性损伤、轻微缺损等	更换构件、破损处理、防腐等	
墩台基础及涵洞	表面损坏、基础冲刷、涵洞冲刷等	破损修补、抗冲刷防护等	
桥面铺装	轻微病害等	同路面	

5)隧道土建结构

> 6.2.5 隧道土建结构预防养护工程应针对各分项设施轻微病害、衬砌非结构性开裂、渗漏水和材料劣化等进行设计,满足延缓病害发展和结构性能衰减、提升结构耐久性等要求。

根据本条规定,隧道土建结构预防养护工程设计针对的主要病害和设计目标为:

(1)针对病害:洞口、洞门和衬砌等分项设施轻微病害,衬砌非结构性开裂、渗漏水和材料劣化等。

(2)设计目标:延缓病害发展和结构性能衰减、提升结构耐久性等。

针对不同病害,隧道土建结构预防养护工程设计主要方案和目标见表6-6。

6 养护工程设计

表6-6 隧道土建结构预防养护工程设计主要方案和目标

分项设施	病害类型	主要可选方案	设计目标
洞口	边仰坡冲刷、风化剥落、碎落崩塌等	清理,植物防护、工程防护、综合防护等	延缓病害发展和结构性能衰减、提升结构耐久性等
洞门	开裂、渗水、剥落和轻微变形等	勾缝、灌缝、引排、墙面修复等	
衬砌	开裂、渗漏水、材料劣化、表观和内部质量缺陷等	封缝、止水或导水、表面喷射混凝土、涂层涂装、注浆加固等	

6)交通工程及沿线设施

6.2.6 交通工程及沿线设施可根据养护需要开展预防养护工程设计。

交通工程及沿线设施包括交通安全设施、机电设施、管理服务设施、绿化及环境保护设施,其中部分设施的预防养护难以形成工程项目,部分设施的预防养护工程技术方案较为简单,不一定需要开展施工图设计,故对交通工程及沿线设施的预防养护工程设计未作强制性要求,仅规定可根据养护需要,开展预防养护工程设计。

6.3 修复养护工程

1)设计目标及依据

6.3.1 修复养护工程应以恢复公路基础设施技术状况或服务功能为目标,根据病害类型、严重程度、成因及发展趋势,开展功能性修复、结构性修复或更换等设计。

本条从总体要求角度提出了公路修复养护工程的设计目标、设计依据和主要设计对策等。

(1)设计目标:恢复公路基础设施技术状况或服务功能至良好状态。

(2)设计依据:病害类型、严重程度、成因及发展趋势。

(3)主要设计对策:功能性修复、结构性修复或更换等。其中,功能性修复指基础设施出现非结构性病害、服务功能或耐久性不足时,为恢复其技术状况和服务功能所采取的修复工程措施;结构性修复指基础设施结构强度不足、结构损坏或部分服务功能丧失时,为恢复其技术状况和服务功能所采取的修复和加固等工程措施。

修复养护工程针对的病害主要为明显病害或部分丧失服务功能的缺损。

2)路基

> 6.3.2　路基修复养护工程设计应满足地基承载能力、路堤强度、边坡稳定性和结构承载能力等要求,并应符合下列规定:
>
> 1　路堤修复工程设计应分析地基与堤身的共同作用。
>
> 2　地基变形等病害处治应进行沉降变形控制验算。地基受力范围存在软弱下卧层时,应进行地基承载能力验算。斜坡软弱地基处治应进行稳定性验算。
>
> 3　高边坡路堤和陡坡路堤开裂滑移等病害处治,应进行堤身稳定性、堤身与地基整体稳定性验算。
>
> 4　边坡支挡结构物加固应进行结构强度和整体稳定性验算。
>
> 5　路基排水设施修复养护工程应结合路面、桥涵和隧道等排水系统进行设计。

本条提出了路基修复养护工程设计的基本要求,即满足地基承载能力、路堤强度、边坡稳定性和结构承载能力等要求。

针对不同病害,路基修复养护工程主要设计方案见表6-7。

6 养护工程设计

表 6-7 路基修复养护工程主要设计方案

分项设施	病害类型	主要可选方案
土路肩	路缘石缺损	集中更换
	路肩破损	增设截排水设施、硬化路肩等
路堤与路床	不均匀沉降	注浆、高压旋喷桩、水泥搅拌桩、预应力混凝土管桩、挤密砂石桩等
	桥头跳车	注浆、高压旋喷桩、加铺沥青层、挖除换填等
	开裂滑移	锚固法、钻孔灌注桩、微型钢管桩、挡土墙加双锚技术或反压护道法等
	冻胀翻浆	换填改良或化学改良、增加综合排水设施、加铺罩面等
边坡	局部坍塌	挡土墙、削方减载、坡面防护等
	滑坡	削方减载、抗滑桩、锚索(杆)、格构锚固、抗滑挡墙、坡面防护等
防护与支挡结构物	局部损坏	支撑墙、锚固、加大截面等
	结构失稳	抗滑桩、支撑墙或拆除重建
排水设施	地表排水设施损坏	碎砾石、干砌片石、浆砌片石、现浇混凝土等
	地下排水设施损坏	防渗、疏通、更换等

在满足路基修复养护工程设计基本要求的前提下,本条进一步提出了应当进行相关分析、验算及系统设计的修复工程。

(1)路堤修复:路堤出现沉降和开裂滑移等病害,除与堤身填料性质、压实度、施工工艺和排水条件等有关外,还往往与地基病害有关,故应当分析地基与堤身的共同作用,根据分析结果,针对性采取路堤处治或路堤处治与地基处治相结合的技术方案。

(2)地基变形等病害处治:路堤病害由地基变形引起时,病害处治应当按地基变形进行设计,并进行沉降变形计算。

(3)存在软弱下卧层的地基处治:地基处治后,受力范围仍存在软弱下卧层时,应当进行地基承载力验算。

(4)斜坡软弱地基处治、高边坡路堤和陡坡路堤开裂滑移等病害处治:斜坡软弱地基处治,以及填土边坡高于20m的高边坡路堤、地面斜坡陡于1:2.5的陡坡路堤开裂滑移等病害处治,应当进行路堤堤身稳定性,或路堤和地基整体稳定性验算。

(5)边坡支挡结构物加固:应当进行结构强度和整体稳定性验算。

(6)路基排水设施修复:路基、路面、桥涵和隧道等排水设施通常相互连通,成为综合的排水系统,故路基排水设施的修复养护工程设计应当结合路面、桥涵和隧道等排水系统进行。

3)路面

> 6.3.3 路面修复养护工程设计应满足路面结构强度、行驶性能和抗滑性能等要求,并应符合下列规定:
> 1 路面修复养护工程应结合路堤和路床病害处治进行设计。
> 2 路面加铺层材料组成、结构组合及厚度,宜通过路用性能试验和设计参数测试确定。
> 3 路面结构性补强所采用结构组合及厚度,应通过结构验算确定。
> 4 水泥混凝土路面加铺沥青混凝土面层时,应按复合式路面设计。
> 5 在有上跨构造物的路段,加铺后的路面高程应满足建筑限界净空高度的要求。

本条提出了路面修复养护工程设计的基本要求,即满足路面结构强度、行驶性能和抗滑性能等要求。

针对不同病害,路面修复养护工程主要设计方案见表6-8。

表6-8 路面修复养护工程主要设计方案

路面类型	病害类型	主要可选方案
沥青路面	表面层结构功能衰减	局部修复、局部修复后加铺罩面、就地热再生表面层或表面层铣刨重铺等
	面层整体结构破坏	中上面层或面层铣刨重铺,或面层整体铣刨、基层加铺补强层后重铺面层等

续表 6-8

路面类型	病害类型	主要可选方案
沥青路面	基层结构破坏	面层及基层挖除重建、全深式现场冷再生再重铺补强层及面层,或既有结构作路基重铺路面等
水泥混凝土路面	裂缝	条带修补、全厚式混凝土修复、换板等
	板角断裂	全厚式混凝土修复、换板等
	破碎板	换板
	拱起	横缝切宽、重新设置胀缝等
	坑洞	局部浅层修补、全厚实混凝土修复等
	错台	板底注浆顶升
	整体结构破坏	板底注浆后直接加铺、就地发裂后加铺或就地碎石化后加铺等

在满足路面修复养护工程设计基本要求的前提下,本条进一步提出了下列强制性技术要求:

(1)关联病害综合处治要求:路面沉陷和开裂等病害除与路面自身有关外,往往还与路堤沉降或路床软化等病害有关,故路面修复养护工程设计应当结合路堤和路床病害处治进行。

(2)加铺层材料及结构等试验要求:加铺层包括罩面和结构性补强加铺层等,考虑新旧结构结合和受力的复杂性,要求其材料组成、结构组合及厚度等通过路用性能试验和设计参数测试确定。

(3)结构性补强验算要求:所称结构性补强,指在原路面结构强度不满足设计和使用要求,但基层还较完好的情况下,为恢复路面整体承载能力或使用性能而铺筑的厚度不小于 60mm 的加铺层,其结构组合及厚度应当通过结构验算确定。结构验算时,既有路面结构的设计参数通过室内外试验检测确定,各结构层混合料的最终设计参数根据实际采用的原材料及配合比设计结果确定。

(4)复合式路面设计要求:复合式路面指面层由两层不同材料类型和力学性质的结构层复合而成的路面。水泥混凝土路面加铺沥青混凝土面层时,按复合式路面设计要求,重点是提高沥青混凝土高温抗剪强度、加强层间结合、防止和控制反射裂缝等。

(5)建筑限界要求:路面加铺后顶面高程会有所上抬,有上跨构造物时,如存在上跨桥、位于隧道内等,极易出现建筑限界净空高度不足的问题,因此要求加铺后的路面高程应当满足建筑限界净空高度的要求。除此之外,防撞护栏的高度也应当符合相关规范的规定。

4)桥涵

> 6.3.4 桥涵修复养护工程设计应满足结构耐久性、强度、刚度和稳定性等要求,并应符合下列规定:
>
> 1 结构性修复方案应通过结构验算确定,满足正常使用极限状态和承载能力极限状态的要求。
>
> 2 桥梁结构复位利用原桥梁构件作为支撑时,应对该构件承载安全性进行验算。
>
> 3 桥梁梁体全幅更换时,新更换梁体应满足现行技术标准的要求。单梁更换时,新更换梁体不应低于原设计要求。
>
> 4 需增加桥面铺装厚度或其他恒载时,应通过桥梁结构承载能力验算。
>
> 5 更换的支座和伸缩装置应与原结构体系相适应,满足使用功能的要求。

本条提出了桥涵修复养护工程设计的基本要求,即满足结构耐久性、强度、刚度和稳定性等要求。

桥梁修复养护工程根据桥梁结构类型、部件及构件类型,以及不同的病害类型、程度和成因等,有不同的技术方案和设计要求,包括各类型桥梁上、下部结构和桥面系部件或构件的功能性修复、结构性修复、更换及结构几何复位等。其中更换包括梁体更换、支座和伸缩装置更换、拱桥系杆更换、缆索体系桥梁拉吊索更换等。

在满足桥涵修复养护工程设计基本要求的前提下,本条进一步提出了下列强制性技术要求:

(1)结构性修复方案应当通过结构验算确定。结构验算根据现场检测结果和实际荷载情况,结合加固维修历史进行。计算模型需考虑桥梁病害的影响,计算参数的选取需考虑施工、全过程收缩徐变、结构实际承受的荷载、开裂后结构性能衰减与内力的重分布、预应力损失、新增材料的重量与应变滞后等因素,计算结果应当满足正常使用极限状态和承载能力极限状态的要求。

(2)利用原桥梁构件作为支撑时,应当通过该构件承载安全性验算。桥梁结构复位顶推反力体系、临时支撑体系和限位结构设计,都应当满足相关规范对强度、刚度、稳定性及局部承压的要求。

(3)全幅更换梁体应当满足现行技术标准的要求,单梁更换梁体不应当低于原设计要求。当上部结构整体不适应交通需求时,一般采用全幅更换梁体方案;当上部结构整体完好,仅少数梁体不能满足协同承载要求时,一般采用单梁更换方案。

(4)增加桥面恒载时,应当通过桥梁结构承载能力验算。桥面系修复时,可能会增加铺装厚度或其他恒载,对桥梁整体结构安全极易构成威胁,故应当通过桥梁结构承载能力验算方可增加。

(5)更换的支座和伸缩装置应当与原结构体系相适应。支座更换时,新换的支座高度和性能等应当与原支座一致;更换伸缩装置时,新的伸缩装置应当与槽口现状、原伸缩装置结构类型及构造、交通量和重车组成,以及环境条件等相适应,以满足使用功能的要求。

5)隧道土建结构

> 6.3.5 隧道土建结构修复养护工程设计应满足结构耐久性、强度和稳定性等要求,并应符合下列规定:
> 1 结构性修复设计应对各施工阶段的构件强度、稳定性及结构变形等进行验算。
> 2 衬砌结构性修复应结合衬砌背后空洞等病害处治进行设计,并应满足防排水的要求。
> 3 结构承载能力验算应根据结构实际应力和边界条件进行。

本条提出了隧道土建结构修复养护工程设计的基本要求,即满足结构耐久性、强度和稳定性等要求。

针对不同病害,隧道土建结构修复养护工程主要设计方案见表6-9。

表6-9 隧道土建结构修复养护工程主要设计方案

分项设施	病害类型	主要可选方案
洞口	边仰坡崩塌、落石	坡面防护、防护网架等
	坡体破损、垮塌、失稳	清方、坡体锚固、坡面防护、支挡、接长明洞等
洞门	墙体裂纹、渗漏水	墙背注浆、裂缝修补、加设引排水设施等
	墙体沉降、倾斜、开裂	基底注浆固结、扩大基础、钢管桩、桩基承台等
	墙体错台、失稳	墙体增大截面加固、新增墙体等
	开裂、变形或失稳	注浆、高压旋喷桩、水泥搅拌桩、预应力混凝土管桩、挤密砂石桩等
衬砌	衬砌局部脱落、强度或厚度不足、网状开裂	粘贴钢板(带)加固衬砌等
	结构裂损严重、衬砌掉块、严重渗漏水	套拱加固衬砌等

续表6-9

分项设施	病害类型	主要可选方案
衬砌	衬砌裂损严重、承载力不足	嵌入钢架加固衬砌等
	衬砌开裂、错台	锚杆加固等
	衬砌承载力严重丧失	拱圈换拱等
	基底软弱、承载力不足、隧底底鼓或沉陷	注浆、树根桩、钢管桩等加固隧底
	无仰拱或底鼓严重	增设或更换仰拱等
路面	见表6-8	同表6-8,且沥青路面表面层混合料添加阻燃剂
排水设施	排水能力不足	增设或完善截排水系统等

表6-9所列设计方案,系针对以钻爆法为主要开挖手段的公路隧道。隧道病害成因往往是多方面的,如洞身病害成因包括偏压、静水压、冻胀力、渗漏水、地层滑坡、承载力不足、材质裂化、衬砌厚度不足等,故实际应用中应当根据病害类型、程度及成因,以及地质条件等,采取单项或多项综合的设计对策。

在满足隧道土建结构修复养护工程设计基本要求的前提下,本条进一步提出了下列强制性技术要求:

(1)结构性修复设计应当根据施工过程中的荷载变化分阶段进行受力计算。例如:隧道结构加固工程,在加固材料与原结构结合前,按仅由原结构承受所有荷载的假定条件进行受力计算;在加固材料与原结构有效结合后,则将原结构与新增结构作为整体进行受力计算。

(2)衬砌结构性修复应当结合衬砌背后空洞等病害处治进行设计。衬砌结构性破坏往往由背后空洞等病害引发,故衬砌结构性修复应当与衬砌背后空洞等病害处治结合进行。除此之外,防排水系统的损坏也是引发衬砌病害的因素,衬砌修复过程中也可能对防排水系统造成影响,故衬砌结构性修复应当同时完善或修复防排水系统,满足防排水要求。

(3)结构承载能力验算应当根据结构实际应力和边界条件进行。作用在隧道支护结构上的除围岩压力外,还应当考虑引发病害的地下水压力、冻胀力和地震荷载等外力的作用,以及原结构实测值、新增结构设计值和各工况实际受力状态,当原结构丧失或接近丧失承载能力时,修复加固后的承载能力验算应当仅考虑新增结构的承载能力。

6)结构物修复共性要求

> 6.3.6 边坡支挡、桥涵和隧道结构等修复养护工程设计尚应符合下列规定:
> 1 对于有抗震要求的结构,其结构性修复设计应进行抗震能力验算。
> 2 对于由环境作用引发的结构病害,应进行相应的防治设计。
> 3 结构性修复宜根据原结构实测几何尺寸和材料强度等进行设计。

本条给出了结构物修复养护工程设计的下列共性要求:

(1)"对于有抗震要求的结构,其结构性修复设计应进行抗震能力验算。"根据本标准和行业现行有关标准的要求,桥梁、隧道、挡土墙和路基的抗震设计计算要求如下:

①桥梁。根据《公路工程抗震规范》(JTG B02—2013)和《公路桥梁抗震设计规范》(JTG/T 2231-01—2020),桥梁抗震设计计算要求见表6-10。

表6-10 桥梁抗震设计计算要求

抗震设防类别	公路技术等级			设计基本地震动峰值加速度					
	高速公路、一级公路	二级公路	三、四级公路	0.05g	0.10g	0.15g	0.20g	0.30g	0.40g
A类	$L_k>150$m 的特大桥			应进行 E1 地震作用和 E2 地震作用下的抗震分析和验算					
B类	$L_k\leq150$m 的桥梁	$L_k\leq150$m 的特大桥、大桥	—	可不进行抗震分析和抗震验算	应进行 E1 地震作用和 E2 地震作用下的抗震分析和验算				

续表6-10

抗震设防类别	公路技术等级			设计基本地震动峰值加速度					
	高速公路、一级公路	二级公路	三、四级公路	$0.05g$	$0.10g$	$0.15g$	$0.20g$	$0.30g$	$0.40g$
C 类	—	中桥、小桥	$L_k \leq 150$m 的特大桥、大桥	可不进行抗震分析和抗震验算	应进行 E1 地震作用和 E2 地震作用下的抗震分析和验算				
D 类	—	—	中桥、小桥	可不进行抗震分析和抗震验算	应进行 E1 地震作用下的抗震分析和验算				

注:1. 资料来源于《公路工程抗震规范》(JTG B02—2013)第3.1.1、3.5.1~3.5.3条,《公路桥梁抗震设计规范》(JTG/T 2231-01—2020)第3.3.2条。

2. L_k 为桥梁单孔标准跨径。

3. E1 地震作用指重现期为 475 年的地震作用;E2 地震作用指重现期为 2 000 年的地震作用。

②隧道。根据《公路隧道抗震设计规范》(JTG 2232—2019),隧道抗震强度和稳定性验算要求见表6-11。

表6-11 隧道抗震设计计算要求

抗震设防类别	适用范围	设计基本地震动峰值加速度					
		$0.05g$	$0.10g$	$0.15g$	$0.20g$	$0.30g$	$0.40g$
A 类	穿越江、河、湖、海等水域,技术复杂、修复困难的水下隧道	应进行 E1 地震作用下的抗震分析和验算	应进行 E1 地震作用和 E2 地震作用下的抗震分析和验算				
B 类	(1)高速公路、一级公路隧道;(2)三车道、四车道隧道;(3)连拱隧道、明洞和棚洞;(4)地下风机房	可不进行抗震分析和验算	应进行 E1 地震作用下的抗震分析和验算			应进行 E1 地震作用和 E2 地震作用下的抗震分析和验算	

续表6-11

抗震设防类别	适用范围	设计基本地震动峰值加速度					
		0.05g	0.10g	0.15g	0.20g	0.30g	0.40g
C类	（1）二、三级公路隧道； （2）通风斜井、竖井及风道、平行导洞	可不进行抗震分析和验算			应进行E1地震作用下的抗震分析和验算		应进行E1地震作用和E2地震作用下的抗震分析和验算
D类	（1）四级公路隧道； （2）附属洞室	可不进行抗震分析和验算					应进行E1地震作用下的抗震分析和验算

注：1. 资料来源于《公路隧道抗震设计规范》(JTG 2232—2019)第3.1.1、3.3.1、3.3.2条。
2. E1地震作用指重现期为475年的地震作用；E2地震作用指重现期为2 000年的地震作用。

③挡土墙。根据《公路工程抗震规范》(JTG B02—2013)，挡土墙抗震强度和稳定性验算要求见表6-12。设计基本地震动峰值加速度大于或等于0.10g地区的高速公路和一级公路挡土墙，高度超过20m，且地基处于抗震危险地段的应当进行专门研究。

表6-12 挡土墙抗震强度和稳定性验算要求

地基类型		设计基本地震动峰值加速度				
		高速公路，一、二级公路			三、四级公路	
		0.10g (0.15g)	0.20g (0.30g)	0.40g	<0.40g	0.40g
岩石、非液化土及非软土地基	非浸水	不验算	H>4m验算	验算	不验算	验算
	浸水	不验算	验算	验算	不验算	验算
液化土及软土地基		验算	验算	验算	不验算	验算

注：1. 资料来源于《公路工程抗震规范》(JTG B02—2013)表7.2.1。
2. H为挡土墙墙趾至墙顶的高度。

④路基。根据《公路工程抗震规范》(JTG B02—2013)，路基抗震强度和稳定性验算要求见表6-13。

6 养护工程设计

表 6-13 路基抗震强度和稳定性验算要求

项目			设计基本地震动峰值加速度			
			高速公路，一、二级公路			三、四级公路
			0.10g (0.15g)	0.20g (0.30g)	≥0.40g	≥0.40g
岩石、非液化土及非软土地基路堤	非浸水	用岩块及细粒土（粉性土、有机质土除外）填筑	不验算	$H>20$m 验算	$H>15$m 验算	$H>20$m 验算
		用粗粒土（极细砂、细砂除外）填筑	不验算	$H>12$m 验算	$H>6$m 验算	$H>12$m 验算
	浸水	用渗水性土填筑	不验算	$H_w>3$m 验算	$H_w>2$m 验算	水库地区 $H_w>3$m 验算
		地面横坡大于 1:3	不验算	验算	验算	验算
路堑		黏性土、黄土、碎石类土	一般不验算	$H>20$m 验算	$H>15$m 验算	$H>20$m 验算

注：1. 资料来源于《公路工程抗震规范》（JTG B02—2013）表 8.2.1。
    2. H 为路基高度；H_w 为路基浸水常水位高度。

（2）"对于由环境作用引发的结构病害，应进行相应的防治设计。"由高温、冻融和化学侵蚀等导致的材料性能退化及结构损坏，修复养护工程除采取病害治理措施外，还应当采取抗高温、防冻融和防腐等措施。

（3）"结构性修复宜根据原结构实测几何尺寸和材料强度等进行设计。"由于长期使用和自然因素的影响等，既有结构物的几何参数可能与原设计不完全吻合。随着材料性能的衰减，材料强度也可能与原设计要求不相符合。因此，为保证计算分析与实际情况相符，在进行结构性修复工程设计时，应尽可能采用实测几何参数，并应当采用实测材料强度。

7)交通工程及沿线设施

> 6.3.7 交通工程及沿线设施修复养护工程设计应符合下列规定:
> 1 标志修复和更换所采用版面尺寸、字符、图形、标志板和支撑件等宜采用原技术标准。
> 2 重新施划标线的颜色、形状、几何尺寸和材料等应采用现行技术标准。
> 3 机电设施设备及软件系统修复、更换和升级设计应满足使用功能和安全要求。
> 4 房屋修复养护工程应根据结构类型、上部承重结构状况、地基基础状况和使用荷载等,结合使用环境和已使用年限进行设计,并应符合相关行业标准的规定。
> 5 环境保护设施修复养护工程设计应满足原设计功能的要求。绿化植物补植或改植宜采用原物种,不得引入外来物种。

本条重点给出了部分交通工程及沿线设施修复养护工程设计的主要技术要求。

(1)标志修复和更换:在修复养护工程中,通常只是对部分交通标志进行修复和更换,为保证全线标志的一致性,修复和更换所采用版面尺寸、字符、图形、标志板和支撑件等应尽可能采用原技术标准。本条所称原技术标准,在标志字符、图形方面包括现行《道路交通标志和标线 第2部分:道路交通标志》(GB 5768.2);在标志板及支撑件方面包括现行《道路交通标志板及支撑件》(GB/T 23827);在板面反光膜方面包括现行《公路交通标志反光膜》(GB/T 18833)等。

(2)标线重新施划:交通标线涉及交通安全,故重新施划时,其颜色、形状、几何尺寸和材料等应当采用现行技术标准。本条所称现行技术标准,在标线颜色、形状和设置位置方面包括现行《道路交通标志和标线

第 3 部分:道路交通标线》(GB 5768.3);在标线材料方面包括现行《路面标线涂料》(JT/T 280)、《路面标线用玻璃珠》(GB/T 24722)、《道路预成形标线带》(GB/T 24717)、《路面防滑涂料》(JT/T 712)等。

(3)机电设施设备及软件系统修复、更换和升级:作为最基本的要求,机电设施设备及软件系统修复、更换和升级应当满足使用功能和安全要求。

(4)房屋修复:房屋修复养护工程包括地基与基础、砖石砌体、混凝土结构、钢结构、木结构、屋面及防水、装饰装修、门窗、楼面及地面、电气设施,以及水、卫、暖、通工程等的维修和加固工程,应当根据结构类型、上部承重结构状况、地基基础状况和使用荷载等,结合使用环境和已使用年限进行设计。目前,有关房屋修复标准包括现行《既有建筑维护与改造通用规范》(GB 55022)、《房屋渗漏修缮技术规程》(JGJ/T 53)、《民用建筑修缮工程施工标准》(JGJ/T 112)等。

(5)环境保护设施修复、绿化植物补植或改植:作为最基本的要求,环境保护设施养护工程设计应当满足原设计功能的要求。由于外来物种可能排挤环境中的原生物种,破坏当地生态平衡,甚至对人类经济造成危害,故绿化植物补植或改植应尽可能采用原物种,不得引入外来物种。

除上述设施外,护栏的修复养护工程设计按照本标准第6.1.6条第2款的要求,应当根据护栏修复长度、位置及对交通安全的影响程度,在防护等级、最小设置长度、材质和几何尺寸方面尽可能采用现行技术标准,与此有关的国家和行业标准包括现行《公路护栏安全性评价标准》(JTG B05-01)、《公路交通安全设施设计规范》(JTG D81)、《高速公路交通工程及沿线设施设计通用规范》(JTG D80)、《波形梁钢护栏 第1部分:两波形梁钢护栏》(GB/T 31439.1)、《波形梁钢护栏 第2部分:三波形梁钢护栏》(GB/T 31439.2)等。

6.4 专项养护工程

1)设计基本要求

6.4.1 专项养护工程涉及的修复和加固改造等设计应符合本标准第6.3节的有关规定,拆除重建工程设计应符合行业现行有关新建和改扩建技术标准的规定。

专项养护工程包括完善增设、加固改造、拆除重建和灾后恢复等。

涉及修复和加固改造的包括完善、加固改造、灾后恢复工程中的修复和加固等工程,从技术角度,这些工程的技术要求与修复养护工程中的同类工程无异,故要求按本标准第6.3节有关修复养护工程设计的规定执行。

拆除重建工程包括一般专项养护工程和灾后恢复工程中的拆除重建工程,其技术要求同新建工程,并与改扩建工程中的桥梁拆除重建和隧道分离增建等相同,故要求其设计应当按行业现行有关新建和改扩建技术标准的规定执行。有关行业标准包括现行《公路工程技术标准》(JTG B01),以及有关路基、路面、桥梁、隧道和交通安全设施等设计标准。

2)提升服务功能的工程

6.4.2 提升服务功能的专项养护工程设计尚应符合下列规定:

1 路线局部改线和路线交叉几何改造应根据实测资料进行平面和纵断面拟合设计。

2 路基加宽部分的回弹模量不应低于原设计标准。

3 路面重建和改建应通过实测和试验确定有关技术参数,根据实测资料进行路线纵断面拟合设计。

4 桥梁拼接加宽应进行整体验算,评价正常使用极限状态应采用原设计荷载标准,评价承载能力极限状态应采用现行设计荷载标准。

提升服务功能的专项养护工程包括为提升通行能力或交通安全保障水平的局部路段或路线交叉改建工程、提升结构强度的路面重建或改建工程、提升承载能力或抗灾能力的危旧桥梁改造专项行动工程、提升交通安全保障水平或服务水平的交通工程及沿线设施完善增设或升级改造工程等。

本条重点针对专项养护工程中的路线局部改线、路线交叉几何改造、路基加宽、路面重建和改建、桥梁拼接加宽等,提出了相关设计要求。

(1)路线局部改线和路线交叉改建:路线局部改线和路线交叉改建部分需要与既有路线和路线交叉衔接。由于施工误差和自然因素的影响等,既有公路平纵面线形和路线交叉的几何构造可能与原设计不完全一致,故路线局部改线和路线交叉改建的几何设计不能简单地依据原设计数据,应当根据实测的既有公路或路线交叉的控制点资料,拟合平纵面线形和几何构造,形成既有公路或路线交叉的构造数据,并在此基础上进行路线局部改线和路线交叉改建设计。

(2)路基加宽:研究结果表明,当加宽部分路基与既有路基模量比超过1.0后,无论是路表变形还是基层层底弯拉应力的减小速率都明显降低,对改善路面结构受力状态的贡献不大,故仅要求加宽部分的回弹模量不低于原设计标准,不强调必须提高路基加宽部分的回弹模量。

(3)路面重建和改建:由于性能衰减和不均匀沉降等的影响,既有路面材料性能和路面结构强度,以及公路平纵面线形等可能与原设计不完全一致,故路面重建和改建应当通过实测和试验,确定既有路面材料性能和结构强度等技术参数,作为路面结构设计的依据。同时应当根据实测的既有公路控制点资料拟合平纵面线形,作为协调路面加铺厚度与纵断面线形,以及控制路面边缘线形和建筑限界高度等的依据。

(4)桥梁拼接加宽:新结构与既有结构之间一般采用上部结构和下部结构均连接,或上部结构连接、下部结构不连接的拼接加宽方式,均有对结构进行整体验算的要求。根据《高速公路改扩建设计细则》(JTG/T

L11—2014)等的规定,对拼宽部分与原桥涵结构连接进行整体验算时,评价正常使用极限状态时应采用原设计荷载等级,评价承载能力极限状态时应采用现行荷载等级。

3)地质灾害防治工程

> 6.4.3 地质灾害防治工程设计应根据特殊地质体的性质、类型、成因、稳定状态与发展趋势、范围及其与公路的空间关系、既有治理工程技术状况等进行,设计采用的物理力学参数应根据室内试验和原位测试资料经综合分析确定。

地质灾害防治工程属于提升抗灾能力的专项养护工程。在各类地质灾害中,最为典型的是滑坡、崩塌和泥石流,设计所依据的特殊地质体性质及类型、成因、稳定状态与发展趋势,以及主要治理措施如下:

(1)滑坡:按滑坡物质和结构因素分为堆积体(土质)滑坡、岩质滑坡和变形体滑坡等;按滑体厚度分为浅层滑坡、中层滑坡、深层滑坡和超深层滑坡;按运动形式分为推移式滑坡和牵引式滑坡;按规模一般分为巨型、特大型、大型、中型和小型滑坡。主要成因包括由于开挖坡体或加载形成滑坡、由于工程扰动引起古滑坡复活、由于自然地质作用产生滑坡等。稳定状态及发展趋势如发生后仍继续活动、发生后已停止发展等。主要治理措施包括治水、削方减载、堆载反压、抗滑桩、预应力锚索、格构锚固、重力式挡墙和滑带注浆等,其中治水措施包括地表排水和地下排水工程等。

(2)崩塌:按其起始运动形式分为倾倒式崩塌、滑移式崩塌、鼓胀式崩塌、拉裂式崩塌和错断式崩塌;按规模一般分为特大型、大型、中型和小型崩塌。主要成因包括地震作用、岩石风化崩解、水渗透、边坡开挖卸荷产生张拉裂缝等。治理措施包括清除危岩、刷坡、支撑及嵌补、锚固及注浆、挂网喷射混凝土、围护、拦截、遮挡、镶补勾缝和排水等。

(3)泥石流:按积水区地貌特征分为沟谷型泥石流和坡面型泥石流;按暴发频率分为高频泥石流、中频泥石流和低频泥石流;按泥石流物质组成分为泥流型泥石流、水石型泥石流和泥石型泥石流;按规模一般分为特大型、大型、中型和小型泥石流。主要成因包括暴雨、冰雪融水、溃决等水源成因,坡面侵蚀、崩塌和弃渣等物源成因。泥石流治理一般在泥石流活动的不同区段,分别采取不同的工程措施,如从形成区、流通区到堆积区,分别采取以恢复植被、截水、护坡、拦挡、排导和防护等工程为主的治理措施。

由于地质灾害体的地质条件、受力状态及灾害成因较为复杂,且防治工程十分重要,故设计采用的物理力学参数应当根据室内试验和原位测试资料经综合分析确定。

4）灾后恢复工程

> 6.4.4 灾后恢复工程应在应急养护抢通后及时组织专项检查,根据基础设施技术状态实测资料、结构和材料性能试验资料,以及地形、地质和水文等实测资料,经综合论证确定技术方案并进行详细设计。

灾后恢复工程一般在应急养护工程实施后进行。应急养护工程的目标为较快恢复安全通行,根据公路损毁严重程度及工程条件,在应急养护工程实施后,基础设施可能完全恢复,也可能未完全恢复到原服务功能和技术标准,因此,在应急养护工程完成抢修和抢通后,应当及时组织专项检查,综合论证灾后恢复工程,确定技术方案并进行详细设计。

(1)应急养护工程后的专项检查

应急养护工程后的专项检查,目的是对应急处置成效、公路基础设施技术状况和专项性能等进行评定,以作为灾后恢复工程论证的基础资料。

专项检查内容根据公路受灾范围和受损程度等确定,包括经应急处置和未经应急处置的基础设施技术状态检测和调查,结构和材料性能检测和试验,地形、地质、水文和基础设施构造等资料的调查和勘察,灾害和次生灾害情况调查等。专项评定内容主要包括基础设施技术状况、结构承载能力、抗灾能力和安全性等专项性能，以及存在的主要问题等。

（2）灾后恢复工程论证

根据应急养护工程后的专项检查及评定结果，按下列方法对受灾范围的基础设施进行灾后恢复工程论证：

①已完全恢复到原服务功能和技术标准时，可以正常开放交通。

②未完全恢复到原服务功能和技术标准，但仅为局部损坏、通过加固改造和部分重建能够恢复时，按专项养护工程组织实施灾后恢复工程，经综合论证提出技术方案并进行详细设计。

③未恢复到原服务功能和技术标准，且损毁严重、重建规模较大时，需按灾后重建工程组织实施。由于灾后重建工程具有新建工程的属性，故不在养护工程范畴。

应急养护工程至灾后恢复工程工作流程如图6-1所示。

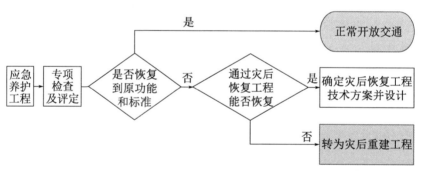

图6-1　应急养护工程至灾后恢复工程工作流程

（3）灾后恢复工程技术方案

灾后恢复工程技术方案包括既有设施直接利用、加固、改造和拆除重建等，根据当前技术状况、结构承载能力、材料性能和环境因素等确定。结合技术状况等级的定义，确定灾后恢复工程技术方案的原则包括：

①基础设施及其分项设施、构件和部件技术状况等级为优、良或1、2类时，可以直接继续使用。

②基础设施及其分项设施、构件和部件技术状况等级为中或 3 类时,应当对其进行修复、加固或更换。

③基础设施及其分项设施、构件和部件技术状况等级为次或 4 类时,应当对其进行加固或改造。此类技术状况不能保证车辆及行人安全通行,根据《中华人民共和国道路交通安全法》,"公安机关交通管理部门根据道路和交通流量的具体情况,可以对机动车、非机动车、行人采取疏导、限制通行、禁止通行等措施"。

④基础设施及其分项设施、构件和部件技术状况等级为差或 5 类时,应当对其进行改建或重建。此类技术状况严重影响车辆及行人通行安全,根据《中华人民共和国道路交通安全法》,遇有"严重影响交通安全的情形,采取其他措施难以保证交通安全时,公安机关交通管理部门可以实行交通管制"。

对于特别重大的自然灾害,存在灾区抗灾设计参数、设防要求和有关技术标准等在灾后可能修订的情况,若有修订应当严格按修订后的设防要求和强制性标准进行设计。例如,国务院在 2008 年汶川地震后发布的《汶川地震灾后恢复重建条例》(国务院令第 526 号)中要求:"国务院有关部门应当组织对地震灾区地震动参数、抗震设防要求、工程建设标准进行复审;确有必要修订的,应当及时组织修订。地震灾区的抗震设防要求和有关工程建设标准应当根据修订后的地震灾区地震动参数,进行相应修订。"

6.5 交通组织方案

1)设计内容

6.5.1 养护工程施工期间的交通组织方案设计应提出作业区布置方案、车辆临时通行方案和临时交通安全设施布置方案等。

养护工程施工交通组织,指在养护工程施工期间,为维持既有公路一定的服务水平和通行条件,保障施工正常作业、作业安全和交通安全,在作业区路段进行的警示、速度过渡与限制、车道过渡与引导、通行保障与安全防护等工作。

交通组织方案设计内容包括作业区布置方案、车辆临时通行方案和临时交通安全设施布置方案等。

(1)作业区布置方案:指按现行有关标准的规定,对组成作业区的各区段进行几何布置的设计方案。作业区指由于路况检查作业和养护施工作业等影响交通运行,而进行交通管控的路段。现行《公路养护安全作业规程》(JTG H30—2015)称该路段为"作业控制区",本次修订按《道路交通标志和标线 第4部分:作业区》(GB 5768.4—2017)等的规定规范为"作业区"。

(2)车辆临时通行方案:指为既有公路的社会车辆在养护工程施工期间提供一定服务水平和通行条件的临时通行车道或道路设计方案。

(3)临时交通安全设施布置方案:指为保障作业安全和交通安全,在养护工程施工期间设置临时交通标志、标线和其他安全设施的设计方案。

2)作业区布置方案

(1)作业类型

> 6.5.2 作业区布置方案应按长期作业、短期作业、临时作业和移动作业等作业类型进行设计。

确定作业区布置方案的主要影响因素是作业类型,各类作业的安全风险不同,因而作业区布置方案和安全保障措施有所不同。

作业类型包括长期作业、短期作业、临时作业和移动作业等。根据现行《道路交通标志和标线 第4部分:作业区》(GB 5768.4)和《公路养护安全作业规程》(JTG H30),各作业类型的定义如下:

①长期作业,指定点作业时间大于24h的各类作业。

②短期作业,指定点作业时间大于4h、小于或等于24h的各类作业。

③临时作业,指定点作业时间大于30min、小于或等于4h的各类作业。

④移动作业,指连续移动或停留时间不超过30min的间歇移动作业,包括临时交通安全设施的布设与移出作业。

(2)作业区组成及设置

> 6.5.3 作业区应由警告区、上游过渡区、缓冲区、工作区、下游过渡区和终止区等区段组成,警告区和工作区必须设置,其余区段的设置应根据公路技术等级、作业类型、作业方式和安全要求等确定。

作业区由若干区段组成。按照从起点到终点的顺序,组成作业区的区段包括警告区、上游过渡区、缓冲区、工作区、下游过渡区和终止区等。各区段定义如下:

①警告区:指为满足施工标志和限速标志等设置,以及车辆减速和排队需要,从作业区起点到上游过渡区起点之间设置的区段。

②上游过渡区:指为满足车道过渡和车辆换道等需要,从警告区终点到临时车道或临时通行便道起点之间设置的区段。

③缓冲区:指为保障车辆通行和作业安全,从上游过渡区终点到工作区起点之间设置的区段。

④工作区:指为保障施工作业,从纵向缓冲区终点到下游过渡区起点之间设置的区段。

⑤下游过渡区:指为满足车道过渡等需要,从工作区终点到终止区起点之间设置的区段。

⑥终止区:指为车辆调整行驶状态需要,从下游过渡区终点到作业区终点之间设置的区段。

在以上各区段中,警告区和工作区是必须设置的区段,其余区段的设置根据公路技术等级、作业类型、作业方式和安全要求等确定。其中,作业方式包括人工作业和机械作业等。

根据公路技术等级、作业类型,以及《道路交通标志和标线 第4部分:作业区》(GB 5768.4—2017)和《公路养护安全作业规程》(JTG H30—2015)的有关规定,作业区各区段设置要求见表6-14。

表6-14 作业区各区段设置要求

作业类型	公路技术等级	作业区段					
		警告区	上游过渡区	缓冲区	工作区	下游过渡区	终止区
长期作业、短期作业	二级及二级以上公路	√	√	√	√	√	√
	四级公路	√	√	—	√	√	—
临时作业、人工移动作业	高速公路、一级公路	√	√	√	√	√	√
	二、三级公路	√	√	—	√	√	—
	四级公路	√	—	—	√	—	—
机械移动作业	各级公路	√	—	—	√	—	—

注:1."√"为应设置路段;"—"为可不设置区段。

2.二级以上公路的临时作业和人工移动作业布设移动式标志车时,可不设置上游过渡区。

社会车辆通过工作区的路段一般称为临时车道或临时通行便道。所称临时车道,指利用现有路面划出的临时通行车道;临时通行便道指在现有路面或路基以外修建的临时通行道路。

四车道高速公路和一级公路设临时车道和临时通行便道的作业区分别如图6-2和图6-3所示。

6 养护工程设计

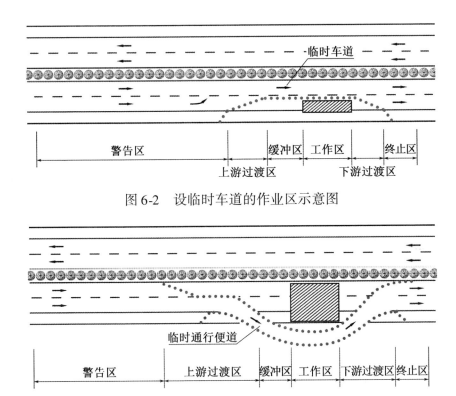

图 6-2 设临时车道的作业区示意图

图 6-3 设临时通行便道的作业区示意图

3)车辆临时通行方案

(1)临时通行道路布置

6.5.4 车辆临时通行方案应根据公路技术等级和作业类型,结合作业区布置方案进行设计,并应符合下列规定:

1 短期作业、临时作业和移动作业应利用现有路面为车辆通行提供临时车道,长期作业宜利用现有路面提供临时车道。

2 高速公路和一级公路半幅封闭作业,或单向临时车道数不足时,可借对向车道设置临时车道。

3 双车道公路半幅封闭作业时,可利用对向车道双向交替通行。

> 4 长期作业路段全幅封闭作业,或利用现有路面设置的临时车道数不足时,应修建临时通行便道,或采用路网分流方案。

养护工程施工期间,临时通行方案包括设置临时车道、双向交替通行、修建临时通行便道和利用路网分流等。

①设置临时车道:适用于现有路面可利用,且所提供的车道数满足使用要求的情况。短期作业、临时作业和移动作业容易达到该条件,故一般采用该方案。有条件时,长期作业应当尽量采用该方案。

②对向借道:亦属于临时车道的一种,即借对向部分车道设置临时车道。适用于高速公路和一级公路半幅封闭作业,或施工路幅的单向临时车道数不足的情况。

③双向交替通行:即利用对向车道双向交替通行,适用于双车道公路半幅封闭作业的情况。

④修建临时通行便道:适用于长期作业路段全幅封闭作业,或利用现有路面设置临时车道不满足通行需求的情况。

⑤利用路网分流:即利用路网中的其他道路分流,包括按车辆类型分流和分时段分流。适用于长期作业路段全幅封闭作业,且路网具备分流条件的情况。

(2)临时通行路段设计速度与车道宽度

> 6.5.5 临时通行路段设计速度应根据实际交通需求和现场条件等确定。临时通行路段设计速度及车道最小宽度应符合表6.5.5的规定。

表6.5.5 临时通行路段设计速度及车道最小宽度

原路设计速度(km/h)	120	100	80	60	40	30	20
临时通行路段设计速度(km/h)	80	70	60	40	30	30	20
车道最小宽度(m)	3.75	3.75	3.50	3.50	3.25	3.25	3.00

本条适用于设置临时车道和修建临时通行便道情况,不适用于双向交替通行和利用路网分流方案。所称临时通行路段,即包括临时车道和临时通行便道。

设计速度是临时通行路段设计的控制性指标,也是路段通行能力的控制要素之一。在给定的基准条件和服务水平下,设计速度越高,每车道的设计通行能力越高,所需车道数就越少。但受通行条件的限制,采用过高的设计速度,即使采用公路原设计速度也是不现实的。

表6.5.5所列临时通行路段设计速度,为其基本路段的设计速度,采用了《道路交通标志和标线 第4部分:作业区》(GB 5768.4—2017)规定的作业区最高限速值,与《公路养护安全作业规程》(JTG H30—2015)相比,原路设计速度为100km/h、80km/h、60km/h和30km/h时,临时通行路段设计速度分别由60km/h、40km/h、30km/h和20km/h提高到了70km/h、60km/h、40km/h和30km/h。

表6.5.5所列临时通行路段车道最小宽度,根据其设计速度按《公路工程技术标准》(JTG B01—2014)的有关规定取值。

(3)临时通行路段服务水平与车道数

> 6.5.6 高速公路和一级公路临时通行路段设计服务水平可较正常通行路段降低一级,其车道数应根据实际交通需求、服务水平、设计速度、车道宽度和作业强度等,按行业现行有关标准的规定计算确定。

①临时通行路段服务水平。

本条适用于高速公路和一级公路养护。设计服务水平是确定临时通行路段车道数的关键要素,在给定的基准条件和设计速度下,设计服务水平越低,每车道的设计通行能力越高,所需车道数就越少。但另一方面,服务水平越低,车流密度越大,过低的服务水平可能会对社会造成不良影响。例如,五级服务水平时,交通流处于饱和状态,车辆速度和驾驶自由度严重受限,驾驶员身心舒适度很差,任何交通事故都会形成长长的排队车流。

参照《高速公路改扩建设计细则》(JTG/T L11—2014)有关施工路段维持通车服务水平的规定,本条规定高速公路和一级公路临时通行路段设计服务水平可以较正常通行路段降低一级。根据《公路工程技术标准》(JTG B01—2014)的规定,高速公路和干线一级公路设计服务水平不应低于三级,降低一级后,其临时通行路段设计服务水平即为四级。

②临时通行路段车道数。

高速公路和一级公路临时通行路段所需车道数根据实际交通需求、服务水平、设计速度、车道宽度和作业强度等计算确定。所称实际交通需求,指养护工程施工期间公路实测交通量。

临时通行路段所需车道数的计算,采用行业现行有关标准规定的方法。根据报批中的行业标准《公路通行能力规范》,先根据设计服务水平、设计速度、车道宽度和作业强度等,计算得出设计服务水平下的单车道最大服务交通量,再根据实际交通需求计算确定所需车道数。

二级及二级以下公路一般为双车道公路,养护工程施工期间通常采用双向交替通行的临时通行方案,基本以维持各方向车辆都能通过为最低要求,对临时通行路段服务水平和车道数不作专门规定。

4)临时交通安全设施布置方案

> 6.5.7 临时交通安全设施布置方案设计应符合下列规定:
> 1 除移动作业外,作业区和通行车道之间应设置隔离设施。
> 2 高速公路和一级公路的对向交通流之间应设置隔离设施。
> 3 长期作业应采用稳固式交通安全设施。
> 4 短期作业和临时作业宜采用易于安装、拆除的交通安全设施。
> 5 移动作业宜采用移动式标志车,临时作业可采用移动式标志车。

(1)基本要求

临时交通安全设施包括施工标志、车道数变少标志、改道标志、橙色箭头标志、绕行标志、线形诱导标和注意交通引导人员标志等临时标志；用于引导和管制交通流的临时标线；路栏、交通锥、交通桶、交通柱、塑料注水（砂）隔离栏、活动护栏、混凝土护栏等隔离设施；施工警告灯、高杆旗帜、可变箭头信号、临时信号灯、防撞垫、照明设施和移动式标志车等其他安全设施。

本条就设置临时交通安全设施提出了基本要求，要点如下：

①作业区和通行车道之间应当设置隔离设施，设置范围包括上游过渡区、缓冲区、工作区和下游过渡区。

②高速公路和一级公路临时通行路段对向交通流之间应当设置隔离设施。高速公路和一级公路临时通行路段限速值一般为40~80km/h，对向交通流之间设置隔离设施有助于降低安全风险，对于高速公路还可以防止出现随意掉头的现象。关于隔离设施的选择，《道路交通标志和标线 第4部分：作业区》（GB 5768.4—2017）规定"分隔对向交通流时宜使用活动护栏，可使用塑料注水（砂）隔离栏，条件不具备时也可使用交通锥、交通桶或交通柱"，《高速公路改扩建交通工程及沿线设施设计细则》（JTG/T L80—2014）规定"当维持通行路段的车速为60km/h及以上时，临时隔离设施宜采用连续设置并互锁的混凝土护栏预制块、注水（或砂）且连续布设并互锁的水马、波形梁护栏等"。

③长期作业应当采用稳固式交通安全设施，如塑料注水（砂）隔离栏、混凝土护栏和波形梁护栏等。

④短期作业和临时作业尽量采用易于安装、拆除的交通安全设施，如交通锥、交通桶和水马等。

⑤移动作业和临时作业采用的移动式标志车，指安装有移动性作业标志或加设闪光箭头的车辆，或移动性作业标志临时悬挂或安装于作业机械的后部，以警告前方正在作业，提醒车辆减速或变换车道。

（2）各区段临时交通安全设施

除封闭作业区的隔离设施外，作业区各区段需布设的临时交通安全设施包括：

①警告区:施工标志、限速标志、车道数变少标志、警示频闪灯、改道标志和绕行标志等。

②上游过渡区:导向标志和闪光箭头等。

③缓冲区:施工标志和附设警示灯的护栏等。

④工作区:照明设施等。

⑤终止区:解除限速标志等。

警告区位于平面交叉、小半径凸形竖曲线和平曲线等视距不良路段，以及利用对向车道交替通行时，除临时标志外现场还应当布设交通引导员。

5）关键施工环节的通行管理

> 6.5.8 对于车辆通行可能影响安全、结构和材料性能的关键施工环节，应根据施工工艺、结构和材料性能要求等，提出该路段在作业期间车辆限制通行或禁止通行方案。

所称关键施工环节，如桥梁修复养护工程增大结构截面、张拉体外预应力钢束等施工环节，以及胶体固化环节等。在这些环节若有活载的扰动，可能影响安全、结构性能和材料性能，因此在交通组织方案中，有必要提出该路段在作业期间车辆限制通行或禁止通行方案。

7 养护作业

7.1 一般规定

1) 作业质量、质量控制与验收要求

> 7.1.1 养护作业质量、质量控制与验收应符合本标准的有关规定。

本章所称养护作业,包括日常养护、养护工程施工和路况检查等涉路作业。

本章重点给出日常养护和养护工程作业的技术要求,路况检查属于涉路作业中的移动作业或临时作业,虽未给出专门章节,但作业安全和应急处置等的有关规定同样适用于路况检查作业。

日常养护和养护工程作业质量要求见本标准第3.5节的有关规定。在此基础上,本章在有关条文中对日常维修作业质量和养护工程施工质量要求等进行了补充。

养护工程施工质量控制与验收的规定详见本标准第8章。

2) 降低交通影响要求

> 7.1.2 养护作业应统筹安排作业路段、作业内容和工序,作业时段宜避开交通高峰期,避免造成交通堵塞。对维修时限要求高的公路或路段,养护工程施工宜采用快速施工工艺和设备、集约化施工组织方案及不中断通行的交通组织方案。

养护作业在公路交通运行期间进行,对车辆正常通行的影响在所难免,但应当采取措施尽可能避免造成交通堵塞。

根据《公路安全保护条例》(国务院令第593号)第五十条"公路管理机构应当统筹安排公路养护作业计划,避免集中进行公路养护作业造成交通堵塞"的要求和本条规定,养护作业期间,避免造成交通堵塞的可选措施包括:

(1)统筹安排作业路段。包括控制工作区长度、同时作业的同向相邻工作区最小净距等,避免形成较长路段对交通的干扰。

(2)统筹安排作业内容。包括同一工作区尽可能避免有两个及以上的大型构造物,尽可能避免工程规模集中于同一路段。

(3)统筹安排作业工序。当各工作区连续或相隔较近时,尽可能间隔安排工作区的施工,且同时施工的工作区作业进度最好协调一致。

(4)作业时段避开交通高峰期。交通高峰时段车流量大,在该时段作业所产生的干扰也大,除应急养护外,有条件时应当尽可能避免在该时段作业。

(5)采用快速施工工艺和设备。包括采用预制安装工艺简化现场施工工序、使用能够快速形成强度的材料缩短封闭交通养生的时间,以及采用快速施工机械和设备等,以最大限度缩短公路养护作业时间,减轻养护作业对交通的干扰。

(6)集约化施工及不中断通行的交通组织。所称集约化施工组织方案,指在同一路段和时段,集多支队伍和多种装备同步进行多类设施及多个养护单元上路作业的养护工程施工组织方案,甚至还可以同步加入部分日常养护及路况检查上路作业,从而有效提高工作效率,减少总的占道作业时间,降低交通安全风险。

3)低碳环保要求

> 7.1.3 养护作业宜使用清洁能源,采用资源利用率高、污染物排放量少的工艺和机械设备。

《中华人民共和国环境保护法》第四十条规定:"企业应当优先使用清洁能源,采用资源利用率高、污染物排放量少的工艺、设备以及废弃物综合利用技术和污染物无害化处理技术,减少污染物的产生。"本条据此对养护作业使用的能源、工艺和机械设备提出了相关要求。

近年来,我国加大了这方面技术和设备的研发力度,并研发出了不少成熟的作业工艺和设备,如铣刨、加热、拌和、摊铺一体化作业的环保型沥青路面就地热再生工艺及设备等,在提高资源利用率和减少排放量方面取得了明显成效。

7.2 日 常 养 护

1)作业内容

7.2.1 日常养护作业主要内容应符合本标准附录 A 的规定。

本标准附录 A 给出的日常养护主要作业内容,根据日常养护定义和相关行业标准,参考地方有关小修保养管理办法等确定,具体内容根据养护对象、日常养护方案及合同等,结合实际情况确定。

2)作业与质量

7.2.2 日常保养作业应符合本标准第 3.4.3 条的规定,日常维修作业及质量要求应符合本标准养护工程作业的有关规定。

本标准第 3.4.3 条第 1 款规定了日常保养的主要任务,也是日常保养作业的技术要求。

日常维修虽为小修,但具有工程属性,故日常维修作业及质量要求应当符合养护工程作业的有关规定,包括本标准第 3.5.3 条、第 7.3~7.6 节和第 8 章的有关规定。

3)灾害天气及突发损毁时的日常养护

> 7.2.3 日常养护应在汛期、春融期、暴雨、暴雪、台风和沙尘暴等到来之前采取灾害预防措施。因自然灾害等突发事件造成公路基础设施损毁时,应按本标准第3.4.3条的有关规定进行处理。

汛期、春融期、暴雨、暴雪、台风和沙尘暴等灾害天气到来之前,日常养护采取的灾害预防措施主要包括:

一是按照本标准第4.3.2条的规定,加大日常巡查频率,对路基、路面、桥梁墩台、调治构造物、防洪设施、灾害治理工程、交通工程及沿线设施,以及易由灾害天气直接造成灾害或引发次生、衍生灾害的构造物等,进行预防性巡查。

二是按照本标准第4.4.2条的规定,加大经常巡查频率,对灾害风险点进行隐患排查,对既有病害部位抵近检查。

三是在预防性巡查和隐患排查的基础上,对灾害风险进行分析预判,对存在较高风险的基础设施和灾害防治工程,及时采取相应的防灾工程措施,包括在抗灾性能尚好但有轻微病害时,采取消除病害的工程措施;已经出现明显缺损的及时修复;抗灾能力不足的及时采取提升抗灾能力的工程措施等。

因自然灾害等突发事件造成公路基础设施损毁时,按照本标准第3.4.3条的有关规定,应当通过日常维修及时修复,当损毁严重、规模较大,不能通过日常维修及时修复时,应当立即上报,并按本标准第7.6.3条的规定采取相应的应急处置措施。

4)日常养护记录

> 7.2.4 日常养护应填写日常保养和日常维修等记录。

日常养护应当填写的记录包括日常巡查日志、异常情况记录及上报资料、日常保养记录和日常维修施工记录等。

7.3 养护工程

1) 作业内容

> 7.3.1 养护工程作业主要内容应符合本标准附录B的规定。

本标准附录B给出的各类养护工程的主要作业内容,根据《公路养护工程管理办法》(交公路发〔2018〕33号)附录"公路养护工程分类细目"、行业现行有关标准和各类养护工程定义,参考地方有关养护工程管理办法等确定,具体内容根据养护工程项目、设计文件及合同等,结合实际情况确定。

2) 养护单元

> 7.3.2 养护工程应以养护单元作为作业组织基本单元。养护单元的划分应根据单位养护工程组成、路段长度、结构类型、材料类型和施工工艺等确定。

养护工程作业以养护单元作为基本单元。养护单元的划分依据包括单位养护工程组成、路段长度、结构类型、材料类型和施工工艺等,划分方法如下:

(1) 按单位养护工程组成划分:单位养护工程一般以路基、路面、桥梁、隧道、交通工程及沿线设施等为单位,其特点是具备独立的施工组织条件和组成结构。例如,交通工程及沿线设施的组成包括交通安全设施、机电设施、管理服务设施、绿化及环境保护设施等,其中交通安全设施按其组成还可以进一步划分为交通标志、标线、护栏、视线诱导设施和防眩设施等。

(2)按路段长度划分:如交通安全设施中的护栏可以按每5~10km累计施工长度作为一个养护单元。

(3)按结构类型和材料类型划分:如护栏可以划分为波形梁钢护栏、混凝土护栏和缆索护栏等。

(4)按施工工艺划分:如护栏中的波形梁钢护栏更换和增设等。

养护单元的划分,可以采用上述一种或多种综合的划分方法,仍以交通安全设施中的护栏为例,其中一个养护单元为5km施工长度的波形梁钢护栏更换。

3)施工准备

> 7.3.3 养护工程施工前应进行现场调查及核对,根据设计文件和现场条件编制实施性交通组织方案。

养护工程施工准备工作包括熟悉设计文件、现场调查及核对、编制实施性交通组织方案等。其中,实施性交通组织方案包括作业区、车辆临时通行和临时交通安全设施布置方案等。根据设计要求和现场施工条件,交通组织方案可以单独编制,也可以与施工组织计划合并编制。根据《公路工程施工安全技术规范》(JTG F90—2015)的规定,对于安全风险较大的施工项目,作业前还应当进行危险源辨识、施工安全评估,并提出专项作业方案。

《公路安全保护条例》(国务院令第593号)第五十一条规定:"公路养护作业需要封闭公路的,或者占用半幅公路进行作业,作业路段长度在2公里以上,并且作业期限超过30日的,除紧急情况外,公路养护作业单位应当在作业开始之日前5日向社会公告。"即养护工程项目符合条例规定的提前公告条件时,还应当在施工准备阶段提前向社会公告。

4)施工作业

> 7.3.4 养护工程施工作业除应符合行业现行有关公路施工及养护标准的规定外,尚应符合下列规定:
> 1 路面加铺层施工前,应对既有病害进行处治。
> 2 结构物修复应先清除损坏部分,修复过程应避免对原结构产生新的结构性损伤。
> 3 结构损坏由相关联的其他结构病害引发时,应先处治其他结构的病害。
> 4 结构病害由环境作用引发时,在结构修复的同时应采取相应的防治措施。
> 5 支挡结构物存在倾斜、滑动或下沉等病害时,应先卸载再加固。
> 6 结构物修复过程可能发生倾斜、失稳、坍塌或过大变形时,应预先采取临时性加固措施。
> 7 养护作业临时措施改变桥梁气动外形时,应对作业方案进行论证和安全评估。

行业现行有关公路施工的标准,包括路基、路面、桥涵、隧道和交通安全设施等的施工技术规范;公路养护标准除本标准外,还包括路基、路面、桥涵和隧道等的养护技术规范及加固施工技术规范等。养护工程施工作业除应当符合这些标准的规定外,本条根据养护工程的特点,就施工作业的基本要求进行了补充,其要点为:

(1)修复前应当先处治既有病害。

(2)修复过程中应当避免对原结构产生新的结构性损伤。

(3)修复前应当先处治引发其损坏的其他结构的关联病害。

(4)病害由环境作用引发时,在结构修复的同时应当采取相应的防治措施。

(5)对于处于失稳状态的结构物,应当先处理失稳,再进行结构加固。

(6)结构物在修复过程中可能出现危险状态时,应当先采取临时性加固措施,再修复。

(7)养护作业采取的临时措施,应当避免对既有结构物产生不利影响。

5)施工质量

> 7.3.5 养护工程施工质量除应符合设计文件和行业现行有关标准的要求外,尚应符合下列规定:
> 1 路面加铺层与下承层、局部修补部分与原路面应黏结牢固。
> 2 水泥混凝土路面相邻板间接缝应表面平整、传荷有效、防水和伸缩性能良好。
> 3 混凝土表面缺损修补应黏结牢固、表面平整、露筋除锈及防护有效。
> 4 钢构件修复或更换应节点紧固、除锈及涂装性能有效。
> 5 新增结构与原结构应连接牢固、整体性能有效。

除设计文件要求和行业现行有关标准的规定外,本条对下列一般工程的施工质量要求进行了补充:

(1)路面加铺层与下承层之间、局部修补部分与原路面之间的黏结。

(2)水泥混凝土路面相邻板间的接缝。

(3)混凝土表面缺损的修补。

(4)钢构件修复或更换。

(5)新增结构与原结构之间的连接。

6）应急养护工程作业

> 7.3.6 应急养护工程应按先抢通、后修复,先干线、后支线,先路基桥涵、后路面工程的原则安排施工作业,并应符合下列规定:
> 1 经加固或支护可继续使用的结构物,应采取应急加固或支护措施。
> 2 一时难以修复的路段,应根据恢复交通的需要和现场条件组织抢修临时通行便道和便桥。
> 3 应急抢通、保通和抢修工程应与后期灾后恢复工程相结合。
> 4 施工期间应对车辆和行人采取疏导、限制通行或禁止通行等措施。
> 5 施工期间存在次生灾害风险时,应进行灾害监测和施工监测。

本条根据应急养护工程的特点和工程目的,给出了施工作业原则,并在此基础上提出了下列技术要求:

(1)根据应急检查判定经加固或支护可以继续使用的结构物,应当进行应急加固或支护,以满足恢复安全通行的应急要求。

(2)一时难以修复的交通中断路段,应当根据现场条件抢修临时通行便道和便桥,以满足恢复安全通行的应急要求。

(3)应急抢通、保通和抢修工程应当与后期灾后恢复工程相结合。后期可能实施灾后恢复工程的,应当永临结合;后期无须再实施灾后恢复工程的,修复和加固应当一次到位。

(4)应急养护工程施工场地危险,且可能存在次生灾害的风险,部分路段或全线可能需间断通行或绕道通行,故施工期间应当根据现场情况对车辆和行人采取疏导、限制通行或禁止通行等措施。

(5)施工期间存在次生灾害风险时,应当进行灾害监测和施工监测,根据监测情况采取必要的防范措施,以保障安全。

7.4 作业安全

1)日常养护和路况检查作业安全

> 7.4.1 日常养护和路况检查应按本标准第6.5节的有关规定制定交通组织方案,现场布置作业区,布设临时交通安全设施。

日常养护和路况检查均属于涉路作业,故应当制定并现场落实交通组织方案。

虽然本标准第6.5节主要针对养护工程施工作业,但有关短期作业、临时作业和移动作业等交通组织方案的规定,同样适用于日常养护和路况检查作业,故日常养护和路况检查交通组织方案的制定按该节有关规定执行。在作业期间,还应当按照本节有关规定,现场落实作业区布置和临时交通安全设施布设方案,规范养护人员和装备的安全管理等。

2)现场交通组织

> 7.4.2 养护工程施工现场应依据交通组织方案布置作业区,落实临时通行方案,布设临时交通安全设施。临时通行路段的限速值不应大于本标准第6.5.5条规定的设计速度,且限速过渡的速度差不宜超过20km/h。

(1)落实交通组织方案

养护工程施工现场落实交通组织方案,包括布置作业区、落实临时通行方案、布设临时交通安全设施等,是保障作业安全和通行安全的重要措施,具体如下:

①布置作业区:即依据作业区设计方案进行现场布置。作业区设计方案及技术要求见本标准第6.5.2和6.5.3条。

②落实临时通行方案:即依据临时通行设计方案,现场设置临时车

道、修建临时通行道路、落实双向交替通行或路网分流方案等。临时通行设计方案及技术要求见本标准第 6.5.4~6.5.6 条。

③布设临时交通安全设施:即依据临时交通安全设施设计方案,现场布设各类临时交通安全设施。临时交通安全设施设计技术要求见本标准第 6.5.7 条。

(2)限制速度

作业区临时通行路段的车辆速度限制,是保障作业安全和通行安全的重要条件。本标准第 6.5.5 条规定了临时通行路段的设计速度,根据《道路交通标志和标线 第 5 部分:限制速度》(GB 5768.5—2017)的有关规定,限制速度值以设计速度为基础,可以取设计速度或低于设计速度,在符合法律规定的前提下,限制速度经论证也可以适当提高。对于公路养护工程,作业区临时通行路段的通行条件、运行环境和安全影响因素较为复杂,因此临时通行路段的限速值不应当高于本标准第 6.5.5 条规定的设计速度。一般情况下,临时通行路段的限速值可以取其设计速度,也可以低于设计速度,且以取 10km/h 的整倍数为宜。

正常路段运行速度至限制速度的过渡在警告区进行,为保障运行速度的连续性,限速过渡的速度差尽可能不超过 20km/h,当速度差超过规定值时,可以采用每 200m 降低 20km/h 的逐级限速方式。

3)人员与装备

> 7.4.3 养护作业应配备专职或兼职安全生产管理人员,现场作业人员应经安全生产教育培训,配备安全防护用品和用具。

(1)安全管理人员配置

安全生产管理人员的配置按《中华人民共和国安全生产法》第二十四条执行,即"矿山、金属冶炼、建筑施工、运输单位和危险物品的生产、经营、储存、装卸单位,应当设置安全生产管理机构或者配备专职安全生产管理人员""前款规定以外的其他生产经营单位,从业人员超过一百人的,应当设置安全生产管理机构或者配备专职安全生产管理人员;从业人员在一百人以下的,应当配备专职或者兼职的安全生产管理人员"。

按照上述规定,养护工程施工作业应当配备专职安全生产管理人员,路况检查作业可以配备兼职安全生产管理人员。

(2)作业人员安全要求

对公路养护作业人员的安全要求主要体现在教育培训和劳动防护两个方面。

①教育培训要求。

《中华人民共和国安全生产法》第二十八条规定:"生产经营单位应当对从业人员进行安全生产教育和培训,保证从业人员具备必要的安全生产知识,熟悉有关的安全生产规章制度和安全操作规程,掌握本岗位的安全操作技能,了解事故应急处理措施,知悉自身在安全生产方面的权利和义务。未经安全生产教育和培训合格的从业人员,不得上岗作业。"第三十条规定:"生产经营单位的特种作业人员必须按照国家有关规定经专门的安全作业培训,取得相应资格,方可上岗作业。"

所称特种作业人员,根据《建设工程安全生产管理条例》(国务院令第393号)第二十五条,包括垂直运输机械作业人员、安装拆卸工、爆破作业人员、起重信号工、登高架设作业人员等。参照《公路工程施工安全技术规范》(JTG F90—2015)附录D的规定,公路养护特种作业人员包括电工、焊接与热切割人员、架子工、起重机械司机及安装拆卸工、高处作业吊篮安装拆卸工、作业区专用机动车司机、电气设备检修和爆破人员等。

②劳动防护要求。

《中华人民共和国安全生产法》第四十五条规定:"生产经营单位必须为从业人员提供符合国家标准或者行业标准的劳动防护用品,并监督、教育从业人员按照使用规则佩戴、使用。"《公路水运工程安全生产监督管理办法》(交通运输部令2017年第25号)第二十三条规定:"施工单位应当向作业人员提供符合标准的安全防护用品,监督、教育从业人员按照使用规则佩戴、使用。"

公路养护作业的安全防护用品和用具包括安全标志服、安全帽、安全带、安全网、安全绳、防护手套和高处作业防坠落护具等。

(3)装备要求

> **7.4.4** 作业机械设备应配备安全防护、保险限位、安全信息装置及作业标志。

养护作业机械设备的安全管理,是保障作业安全的重要措施,因此应当按规定配备安全防护装置、保险限位装置、安全信息装置和作业标志等。其中,安全防护装置指为消除或减小机械伤害风险、防止人或人体部分进入机械危险区的装置;保险限位装置指为保障人员及设备安全,限制机械负荷及动作等在规定范围的装置,常见安装于起重机上;安全信息装置指监测和预警机械设备运行安全状态的装置。《建设工程安全生产管理条例》(国务院令第393号)第十五条规定:"为建设工程提供机械设备和配件的单位,应当按照安全施工的要求配备齐全有效的保险、限位等安全设施和装置。"

在养护作业车辆上设置作业标志也是法定要求。《中华人民共和国公路法》第三十九条规定:"利用车辆进行养护作业时,应当在公路作业车辆上设置明显的作业标志。"《公路安全保护条例》(国务院令第593号)第五十二条规定:"公路养护车辆、机械设备作业时,应当设置明显的作业标志,开启危险报警闪光灯。"

4)作业区管理与设施维护

(1)作业区

> **7.4.5** 长期作业、短期作业和临时作业应封闭作业区,限制人员作业范围,以及车辆停放、材料和设备堆放范围。

长期作业、短期作业和临时作业封闭作业区,按照本标准第6.5.7条第1款及有关标准的规定,应当采用临时隔离设施将上游过渡区、缓冲区、工作区和下游过渡区与通行车道相隔离,形成一个仅供有关作业人员使用的封闭区。封闭区的出入口一般设于下游过渡区,并设有明显的标志。

养护作业人员的作业范围,应当限制在封闭区内;车辆停放、材料和设备的堆放,应当限制在封闭区内,但不能停放或堆放在过渡区;人员上下车辆和装卸物资,则限制在工作区范围内。

(2)交通安全设施

7.4.6 临时交通安全设施应经常维护保养,定期检测。作业完成后应拆除,及时恢复原有标志、标线和护栏等交通安全设施。

作业区交通标志、标线、隔离设施和其他安全设施是作业期间使用的临时性设施,具有容易受损、缺失或功能丧失等特点,因此,在作业期间还应当经常对其进行维护保养,定期检测,以保证其有效性。当发现既有交通标志和标线与作业期间交通组织相冲突时,应当临时遮挡或予以去除。

在养护作业完成后应当拆除临时交通安全设施,并及时恢复原交通标志、标线、护栏和其他安全设施。

5)特殊环境条件作业

(1)隧道内作业

7.4.7 隧道内作业期间,工作区烟尘浓度不应大于$0.003\,0m^{-1}$,CO浓度不应大于$30cm^3/m^3$,NO_2浓度不应大于$0.12cm^3/m^3$。

隧道内的作业空间较为封闭,空气质量和能见度相对较差,为保障作业人员的健康和生命安全,在隧道内作业期间,工作区的烟尘和有害气体浓度应当控制在允许值范围内。

本条规定的隧道内工作区烟尘、CO 和 NO_2 允许浓度等,系参照《公路隧道通风设计细则》(JTG/T D70/2-02—2014)第 5.2.3 和 5.3.3 条的规定制定。当工作区烟尘、CO 和 NO_2 浓度超过允许值时,可以采取加大排风量或限制车流等措施,待满足要求后再进入隧道作业。

为保障隧道内作业区的能见度,除应当控制工作区的烟尘浓度外,照明还应当满足养护作业的要求。

(2)特殊气象

> 7.4.8　除应急养护工程等作业外,大雨、大雪、大雾和六级以上大风等特殊气象条件下严禁养护作业。

公路养护基本为露天作业,部分为高处作业,在恶劣气象条件下作业难以保障生命和财产安全,故规定在大雨、大雪、大雾和六级以上大风等特殊气象条件下严禁作业。当为暂时停止作业时,停工前还应当采取现场防护措施。

我国幅员辽阔,气候条件复杂,标准难以全部列出所有影响作业安全的恶劣气候现象。因此,严禁养护作业的特殊气象条件,在标准应用中应当以不危及作业安全为原则,结合当地实际情况确定。本条所称六级以上大风,指风速超过 10.8m/s 的风。

6)风险管控与危大工程

> 7.4.9　安全生产风险较大的桥梁、隧道和路基高边坡等的施工作业,应根据风险等级按有关规定采取相应的风险管控措施。应急养护、险要路段和高空作业等,应采取防止危害作业人员安全的专项技术措施。

(1)风险管控

《中华人民共和国安全生产法》第四十一条规定:"生产经营单位应

当建立安全风险分级管控制度,按照安全风险分级采取相应的管控措施。"

所称安全生产风险,根据《公路水路行业安全生产风险管理暂行办法》(交安监发〔2017〕60号)第七条的规定,交通设施养护工程风险是行业六类安全生产风险之一。根据第八条和第九条的规定,"风险等级按照可能导致安全生产事故的后果和概率,由高到低依次分为重大、较大、一般和较小四个等级""重大风险是指一定条件下易导致特别重大安全生产事故的风险。较大风险是指一定条件下易导致重大安全生产事故的风险。一般风险是指一定条件下易导致较大安全生产事故的风险。较小风险是指一定条件下易导致一般安全生产事故的风险。以上同时满足两个以上条件的,按最高等级确定风险等级"。

关于安全生产风险等级的划分,尚无行业现行标准进行规范,目前行业内多采用4级,但对各级的称谓并不完全一致,如《公路水路行业安全生产风险辨识评估管控基本规范(试行)》(交办安监〔2018〕135号)划分为重大、较大、一般、较小,《高速公路路堑高边坡工程施工安全风险评估指南(试行)》(交安监发〔2014〕266号)划分为Ⅳ(极高)、Ⅲ(高度)、Ⅱ(中度)、Ⅰ(低度),后者与现行《铁路建设工程风险管理技术规范》(QCR 9006)的划分一致。

鉴于此种情况,本条仅原则性要求"安全生产风险较大的桥梁、隧道和路基高边坡等的施工作业,应根据风险等级按有关规定采取相应的风险管控措施"。其中的"较大"非风险级别的代名词。

安全生产风险等级,通常在调查分析、风险源排查和风险识别的基础上,根据风险事件发生的概率和后果严重程度等,经评估确定。

本条所称有关规定,包括交通运输部或省级交通运输主管部门发布的有关公路工程施工安全风险管理办法、行业标准和评估指南等。目前包括《公路水路行业安全生产风险管理暂行办法》(交安监发〔2017〕60号)、《公路水路行业安全生产风险辨识评估管控基本规范(试行)》(交办安监〔2018〕135号)、《公路桥梁和隧道工程施工安全风险评估指南》(交质监发〔2011〕217号)、《高速公路路堑高边坡工程施工安全风险评估指南》(交安监发〔2014〕266号)等。

风险管控措施,根据风险等级和致险因素等确定。当安全生产风险达到较大级别时,风险管控措施包括监测预警、警示告知、削减风险和动态监测、制定现场处置方案等;达到重大级别时,风险管控措施包括立即预警、警示告知、削减风险、制定专项应急预案等。其中,削减风险即针对致险因素,采取有效措施降低风险等级。

(2)危大工程

在风险管控要求的基础上,本条进一步强调"应急养护、险要路段和高空作业等,应采取防止危害作业人员安全的专项技术措施"。其中所列几类作业基本属于发生安全生产事故的可能性较大,危害程度较高的工程,即"危大工程",属于安全生产风险管控的重点对象。

应急养护、险要路段和高空作业的主要特点及安全措施如下:

①应急养护作业:一般处于突发自然灾害或事故灾难,并已对基础设施造成损毁的作业环境,发生衍生灾害和次生灾害的可能性较大,且一旦发生,危害性较为严重。主要安全措施包括实施灾害监测和施工监测、及时处理和消除可能危及安全的重大隐患、加强作业人员安全防护、对车辆和行人采取交通管制措施等。

②险要路段作业:包括滑坡、崩塌和泥石流等地质灾害路段的养护作业,路基已经出现或施工过程可能出现沉陷或边坡失稳等路段的养护作业,结构物已经出现或施工过程可能出现结构失稳或坍塌等路段的养护作业,临悬崖、深谷及临水路侧的养护作业等。主要安全措施包括预先处治危险源、预先采取临时性加固措施、加强作业人员安全防护、实施地质灾害监测和施工监测、采取必要的交通管制措施等。

③高空作业:又称高处作业,指在坠落高度基准面2m及以上有可能坠落的高处进行的作业。公路养护高处作业包括符合"高处作业"定义

条件的路基、桥梁、隧道、交通工程及沿线设施的各类养护作业,以及桥梁和隧道等结构物拆除工程、大型支架搭设作业等。主要安全措施包括现场设置安全警示标志、安全的操作平台和完善的防坠落及登高设施设备,作业人员配置相应的高处作业安全防护用品,及时清除或固定可能坠落的物料,以及雨雪天气采取防滑、防冻和防雷措施等。

④其他危大工程:本条仅概要列出了几类危大工程,在标准应用中,应当重点进行安全管理的危大工程参照现行《公路工程施工安全技术规范》(JTG F90)的有关规定,结合养护工程的特点及实际情况确定。

7.5 环境保护

1)大气和噪声污染防治

7.5.1 养护工程施工作业现场应采取封闭、降尘和降噪措施。噪声排放应符合国家现行有关标准的规定。

(1)封闭和降尘

公路养护工程施工现场采取的封闭和降尘措施包括:扬尘较严重的长期作业现场采用防尘围挡,拆除结构物时采取隔离和适时洒水等措施,土方运输采用封闭式车辆或采取覆盖措施,沥青混合料采用相对封闭的厂拌法,石灰和粉煤灰等粉状材料采用袋装或灌装运输,粉状材料堆放采取覆盖或适时洒水措施,路面铣刨或切割采取防尘措施或采用封闭型环保机械设备,临时通行便道适时洒水降尘等。

(2)控制噪声排放

噪声排放,是指噪声源向周围生活环境辐射噪声。根据《建筑施工场界环境噪声排放标准》(GB 12523—2011)第4.1和4.2条的规定,建筑施工过程中,场界环境噪声不得超过表7-1规定的排放限值。夜间噪声最大声级超过限值的幅度不得高于15dB(A)。

7 养护作业

表7-1 建筑施工场界环境噪声排放限值[dB(A)]

昼间	夜间
70	55

注:资料来源于《建筑施工场界环境噪声排放标准》(GB 12523—2011)表1。

为达到噪声排放标准的要求,噪声排放值较高的养护工程施工,应当对场界噪声进行监测,尽可能采用低噪声和低振动的机械,采用强噪声机械且附近有居民区时,应当采用隔声和吸声材料搭设屏障,并合理安排作业时间。

(3)控制机械和车辆污染物排放

> 7.5.2 养护工程机械和车辆排气污染物排放应符合国家现行有关标准的规定。

《建设项目环境保护管理条例》(国务院令第682号)第三条规定:"建设产生污染的建设项目,必须遵守污染物排放的国家标准和地方标准。"

有关施工机械和车辆污染物排放限值的国家标准及规定包括:

①非道路移动机械,包括装载机、推土机、压路机、沥青摊铺机、非公路用卡车、挖掘机和叉车等。根据《非道路移动机械用柴油机排气污染物排放限值及测量方法(中国第三、四阶段)》(GB 20891—2014)第5.2.3条的规定,非道路移动机械用柴油机排气污染物中的一氧化碳(CO)、碳氢化合物(HC)、氮氧化合物(NO_x)、颗粒物(PM)的比排放量,乘以劣化系数(安装排气后处理系统的柴油机),或加上劣化修正值(未安装排气后处理系统的柴油机)后,都不应当超过表7-2规定的限值。

表7-2 非道路移动机械用柴油机排气污染物排放限值

阶段	额定净功率 P_{max} (kW)	CO (g/kWh)	HC (g/kWh)	NO_x (g/kWh)	HC + NO_x (g/kWh)	PM (g/kWh)
第三阶段	$P_{max} > 560$	3.5	—		6.4	0.20
	$130 \leq P_{max} \leq 560$	3.5	—		4.0	0.20

续表 7-2

阶段	额定净功率 P_{max} (kW)	CO (g/kWh)	HC (g/kWh)	NO_x (g/kWh)	HC + NO_x (g/kWh)	PM (g/kWh)
第三阶段	$75 \leq P_{max} < 130$	5.0	—	—	4.0	0.30
	$37 \leq P_{max} < 75$	5.0	—	—	4.7	0.40
	$P_{max} < 37$	5.5	—	—	7.5	0.60
第四阶段	$P_{max} > 560$	3.5	0.40	3.5,0.67[1]	—	0.10
	$130 \leq P_{max} \leq 560$	3.5	0.19	2.0	—	0.025
	$75 \leq P_{max} < 130$	5.0	0.19	3.3	—	0.025
	$56 \leq P_{max} < 75$	5.0	0.19	3.3	—	0.025
	$37 \leq P_{max} < 56$	5.0	—	—	4.7	0.025
	$P_{max} < 37$	5.5	—	—	7.5	0.60

[1] 适用于可移动式发电机组用 $P_{max} > 900kW$ 的柴油机。

注：资料来源于《非道路移动机械用柴油机排气污染物排放限值及测量方法（中国第三、四阶段）》（GB 20891—2014）表 2。

②重型柴油车。根据《重型柴油车污染物排放限值及测量方法（中国第六阶段）》（GB 17691—2018）第 6.4.2 条的规定，按整车车载法（PEMS）进行实际道路试验时，90% 以上的有效窗口，一氧化碳（CO）、总碳氢（THC）、氮氧化合物（NO_x）、粒子数量（PN）等的排放结果，应当小于表 7-3 规定的排放限值要求。

表 7-3 整车试验排放限值[1]

发动机类型	CO (mg/kWh)	THC (mg/kWh)	NO_x (mg/kWh)	PN[2] (#/kWh)
压燃式	6 000	—	690	1.2×10^{12}
点燃式	6 000	240（液化石油气，LPG） 750（天然气，NG）	690	—
双燃料	6 000	1.5 × WHTC（瞬态工况）限值	690	1.2×10^{12}

[1] 应在同一次试验中同时测量 CO_2 并同时记录。
[2] PN 值从 6b 阶段开始实施。

注：资料来源于《重型柴油车污染物排放限值及测量方法（中国第六阶段）》（GB 17691—2018）表 4。

除所使用机械和车辆符合上述有关排放限值的要求外,还应当按本标准第7.1.3条的规定,尽量使用清洁能源,采用资源利用率高、污染物排放量少的工艺和机械设备。

2)水污染防治与水土保持

(1)污水排放

> 7.5.3 养护工程施工污水应经沉淀处理达到国家现行有关标准的要求后排放。施工污染物应经处理后运至指定位置。

养护工程施工现场应当设置临时排水设施及沉淀池,施工污水经沉淀处理达到规定的排放标准后再排入受纳水体。

《污水综合排放标准》(GB 8978—1996)将排放的污染物按其性质及控制方式分为第一类污染物和第二类污染物,分别规定了两类污染物最高允许排放浓度的一级标准、二级标准和三级标准。标准级别根据受纳水体类别和功能确定。

处理后的污水排放于农田或用于农田灌溉时,根据《农田灌溉水质标准》(GB 5084—2021)第4.1.1条的规定,水质应当满足pH值、氯化物、硫化物、全盐量、总铅、总镉、铬、总汞和总砷等16项基本控制项目的限值要求。

(2)水土保持

> 7.5.4 养护工程施工场地应设置完善的排水设施,施工形成的坡面应及时修整并采取防止水土流失的工程措施。

养护工程施工防止水土流失的主要工程措施包括:路基养护工程施工开挖的坡面及时修整并尽量减少裸露时间,暴雨天气加强临时防护和排水;雨期填筑土方随挖、随运、随填、随压;临时堆土集中堆放,并采取必要的拦挡措施;临时通行或施工便道尽量控制在用地范围内,施工结束后及时进行迹地恢复;施工需临时占地时,尽量缩短占地使用时间;取、弃土后及时对取、弃土留下的坡面进行修整,并结合工程防护进行绿化或复垦。

3)资源集约和循环利用

> 7.5.5 对于养护施工挖除的材料和拆除的构件,可回收再利用的应及时分拣、回收和再利用,无法利用的应集中处理,不得污染环境。

根据本标准第1.0.5条"推进资源循环利用"的要求,本条进一步提出了相关技术要求,结合有关标准规定及我国目前取得的成熟经验,养护工程资源集约和循环利用技术措施主要包括如下几个方面:

(1)沥青路面材料再生利用:即采用沥青路面再生设备,将沥青混合料回收料、无机回收料等与一定比例的新集料、再生结合料和沥青再生剂等新材料拌和,经摊铺、压实,形成路面结构层。主要再生利用技术包括厂拌热再生、就地热再生、厂拌冷再生、就地冷再生和全深式冷再生等。

(2)水泥混凝土路面材料再生利用:一是就地再生利用,即采用专用设备对旧水泥混凝土路面进行原位破碎、打裂压稳或冲击压裂后,作为基层或底基层使用;二是集中再生利用,即挖除水泥混凝土面板后,经集中破碎、筛分等工艺加工形成不同粒径的集料,根据其粒径和配合比验证,可用于水泥混凝土面层或基层等。

(3)结构物构件再生利用:即对拆除的桥梁结构物构件和护栏等,经检测或维修后检测符合使用性能要求的,可以用于较低等级公路。

(4)固体废弃物再生利用:即对构造物拆除产生的水泥混凝土、砖、石等固体废弃物,经分选、除杂、破碎、筛分等工艺加工后形成不同粒径的集料,根据其粒径和力学性能,用于防排水工程及路缘石等非承重结构的水泥混凝土构件、基层、底基层、路基填筑、台背回填和地基处理等。

(5)水资源集约和循环利用:即对施工污水和管理服务设施的废水等,经回收、处理达到规定的排放标准后,尽量用于植物灌溉等公路养护。

有条件时,公路养护应当积极利用收集的雨水。

(6)施工周转材料循环利用:对于养护工程施工现场周转材料,尽量采用金属、化学合成材料等可回收再利用产品。

对于回收材料中除混凝土、砖块、砂浆、石块、陶瓷之外的其他无法利用的物质,应当集中处理,避免对环境造成污染。

4)融雪环保要求

> 7.5.6 日常养护为清除公路积雪使用的融雪剂应符合国家现行有关标准的规定,路面含盐残雪应在雪后全部清除。

一般情况下,路面出现积雪冰冻时,应当尽量采用机械除冰雪和人工除冰雪的作业方式。高速公路和一级公路易结冰路段、桥隧构造物和特殊恶劣天气应急情况下,可以辅助使用少量非氯化物类融雪剂,但不能使用氯化物类融雪剂;二级及二级以下公路可以辅助使用非氯化物类和氯化物类融雪剂,但对于钢筋混凝土结构和钢护栏等易腐蚀部位,融雪剂单次使用量应当严格控制。

所称非氯化物类融雪剂,指氯化物含量不超过1.0%的融雪剂。融雪剂类型选择还应当考虑作业温度等因素,所使用的融雪剂有害物质含量应当符合现行《融雪剂》(GB/T 23851)的有关规定,且碳钢腐蚀率不宜大于0.08mm/a,路面摩擦衰减率不应当超过10%。

含有融雪剂的路面残雪,应当在雪后全部清除。

7.6 应急处置

1)公路养护应急预案

> 7.6.1 公路养护应根据可能发生的突发事件特点、事故风险类型及大小等,编制相应的专项应急预案或现场处置方案,并定期组织应急演练。

本条给出了公路养护单位应急预案编制及演练的规定。

《突发事件应急预案管理办法》(国办发〔2024〕5号)对政府及其部门、基层组织、企事业单位等应急预案的制定和管理均做出了规定。该办法第十六条规定:"单位应急预案侧重明确应急响应责任人、风险隐患监测、主要任务、信息报告、预警和应急响应、应急处置措施、人员疏散转移、应急资源调用等内容。"

公路养护单位可能面临的突发事件主要为自然灾害和生产安全事故等,即应急预案主要针对自然灾害风险和生产安全事故风险。

所称专项应急预案或现场处置方案,《生产安全事故应急预案管理办法》(应急管理部令2019年第2号)第六条规定:"专项应急预案,是指生产经营单位为应对某一种或者多种类型生产安全事故,或者针对重要生产设施、重大危险源、重大活动防止生产安全事故而制定的专项性工作方案。现场处置方案,是指生产经营单位根据不同生产安全事故类型,针对具体场所、装置或者设施所制定的应急处置措施。"

关于专项应急预案和现场处置方案的适用场景和主要内容,《生产安全事故应急预案管理办法》(应急管理部令2019年第2号)第十四条和第十五条分别给出了相关规定,即"对于某一种或者多种类型的事故风险,生产经营单位可以编制相应的专项应急预案,或将专项应急预案并入综合应急预案。专项应急预案应当规定应急指挥机构与职责、处置程序和措施等内容""对于危险性较大的场所、装置或者设施,生产经营单位应当编制现场处置方案。现场处置方案应当规定应急工作职责、应急处置措施和注意事项等内容。事故风险单一、危险性小的生产经营单位,可以只编制现场处置方案"。

关于应急演练要求,《突发事件应急预案管理办法》(国办发〔2024〕5号)第三十二条规定:"应急预案编制单位应当建立应急预案演练制度,通过采取形式多样的方式方法,对应急预案所涉及的单位、人员、装备、设施等组织演练。通过演练发现问题、解决问题,进一步修改完善应急预案。"

2）应急救援队伍、设备和物资配备

> 7.6.2 公路养护应建立应急救援队伍或指定兼职的应急救援人员，配备必要的应急救援器材、机械设备和物资，并应经常维护和保养。

公路养护单位是建立应急救援队伍还是指定兼职的应急救援人员，按照《中华人民共和国安全生产法》第八十二条有关建筑施工单位的规定执行，即"建筑施工单位应当建立应急救援组织；生产经营规模较小的，可以不建立应急救援组织，但应当指定兼职的应急救援人员"。该条同时规定："建筑施工单位应当配备必要的应急救援器材、设备和物资，并进行经常性维护、保养，保证正常运转。"

3）突发事件的应急处置

> 7.6.3 因突发事件造成公路基础设施损毁、交通中断或产生重大安全隐患时，应按专项应急预案或现场处置方案采取应急处置措施，按本标准第4.6节的规定开展应急检查，按本标准第7.3.6条的规定组织实施应急养护工程。

（1）现场处置

当因公路地质灾害和气象灾害等自然灾害，结构安全事故、生产安全事故和交通安全事故等事故灾难造成公路基础设施损毁、交通中断或产生重大安全隐患时，首先按专项应急预案或现场处置方案，采取应急处置措施。

应急预案制定的应急处置措施因突发事件的类别及严重程度不同而有所不同，但其现场处置必须符合《中华人民共和国突发事件应对法》第七十八条的规定，即"受到自然灾害危害或者发生事故灾难、公共卫生事件的单位，应当立即组织本单位应急救援队伍和工作人员营救受害人员，疏

散、撤离、安置受到威胁的人员,控制危险源,标明危险区域,封锁危险场所,并采取其他防止危害扩大的必要措施,同时向所在地县级人民政府报告"。

(2)应急养护

突发事件造成公路基础设施损毁并经现场应急处置后,应当根据基础设施损毁情况启动抢修和保通工程。当规模较大或损毁严重时,应当按本标准第4.6节的规定开展应急检查,制定应急养护工程技术方案,并按本标准第7.3.6条的规定组织实施应急养护工程。当为小型损毁时,可以按日常维修进行修复。

(3)突发损毁应急处置全流程

本条规定加上本标准第3.4.3条有关日常养护的应急处置,以及第6.4.4条有关灾后恢复工程的规定,形成了公路突发损毁时从现场处置、应急养护工程到灾后恢复工程的应急处置全流程,如图7-1所示。图中括号内数字为本标准的节或条文编号。

(4)生产安全事故的应急处置

> 7.6.4 养护作业期间发生生产安全事故时,应按专项应急预案或现场处置方案采取应急处置措施。

养护作业期间发生生产安全事故时,首先应当按专项应急预案或现场处置方案,采取应急处置措施。国务院《生产安全事故应急条例》(国务院令第708号)第十七条针对生产经营单位,就生产安全事故应急救援措施提出了明确规定:

"发生生产安全事故后,生产经营单位应当立即启动生产安全事故应急救援预案,采取下列一项或者多项应急救援措施,并按照国家有关规定报告事故情况:

(一)迅速控制危险源,组织抢救遇险人员;

(二)根据事故危害程度,组织现场人员撤离或者采取可能的应急措施后撤离;

7 养护作业

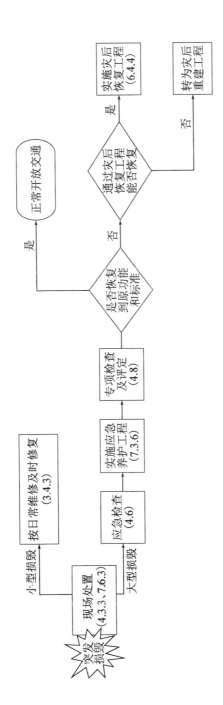

图 7-1 突发损毁应急处置全流程示意图

（三）及时通知可能受到事故影响的单位和人员；

（四）采取必要措施，防止事故危害扩大和次生、衍生灾害发生；

（五）根据需要请求邻近的应急救援队伍参加救援，并向参加救援的应急救援队伍提供相关技术资料、信息和处置方法；

（六）维护事故现场秩序，保护事故现场和相关证据；

（七）法律、法规规定的其他应急救援措施。"

8 质量控制与验收

8.1 一般规定

1)养护工程质量管理环节

> 8.1.1 养护材料和设备、养护工程施工工序等应严格进行质量控制,养护工程完工后应按规定对施工质量进行验收。

本条规定了养护工程质量管理的关键环节,一是施工质量控制,二是完工后的施工质量验收。其中,施工质量控制包括养护材料和设备进场检验、养护工程施工工序质量控制。

本条所称按规定对施工质量进行验收,即按照《公路养护工程管理办法》(交公路发〔2018〕33号)的有关规定确定验收阶段和验收时限等。该办法第四十一条规定:"技术复杂程度高或投资规模较大的养护工程按交工验收和竣工验收两阶段执行,其他一般养护工程按一阶段验收执行。"第四十二条规定:"适用于一阶段验收的养护工程项目一般在工程完工交付使用后6个月之内完成验收;适用于两阶段验收的养护工程项目,在工程完工后应当及时组织交工验收,一般在养护工程质量缺陷责任期满后12个月之内完成竣工验收。"

2)质量控制与验收依据

> 8.1.2 养护工程施工质量控制和施工质量验收应依据设计文件、行业现行有关标准和工程合同等,在质量检验评定的基础上进行。

养护工程施工质量控制和施工质量验收的依据包括设计文件、行业

标准和工程合同等,具体如下:

(1)设计文件:根据本标准第6.1.1条的规定,养护工程设计内容包括材料指标、施工工艺及验收标准等,施工质量控制和验收应当以此作为主要依据。

(2)行业标准:包括现行《公路养护工程质量检验评定标准 第一册 土建工程》(JTG 5220),以及行业现行有关路基、路面、桥涵、隧道、交通工程及沿线设施养护技术规范等,有关公路养护工程质量检验评定和质量要求等的规定,是质量控制和验收的重要依据。

(3)工程合同:根据本标准第3.5.3条的规定,养护工程施工质量在达到合格等级并满足设计文件要求的同时,还应当满足工程合同有关质量验收标准的要求,且本标准鼓励在工程合同中提出高于标准规定的质量验收标准,故工程合同也是质量控制和验收的主要依据。

施工质量控制和验收均以质量检验评定为基础,尤其是每道工序完工后的自检和工程完工后的质量验收均以质量检验评定为手段。完工后的实测检查项目、质量标准、方法和频率按现行《公路养护工程质量检验评定标准 第一册 土建工程》(JTG 5220)执行;工序质量控制中的实测项目检查也主要依据该标准,同时鼓励关键检查项目的质量标准适当高于完工后的实测项目质量标准。

3)日常养护质量控制与验收

> 8.1.3 日常养护应依据行业现行有关标准和合同等,定期进行养护质量检查和评定。日常维修工程可抽样按养护工程进行质量检验评定和验收。

关于日常养护质量的控制和验收,目前我国公路日常养护大多采用目标责任制或招投标的管理形式,因此日常养护主要由其承担单位按有关技术标准、主管部门或养护管理单位有关管理规定和承包合同等进行质量控制,由养护管理单位或委托单位定期进行日常养护质量检查、评定和考核。

日常维修亦属于小修工程,故可以现场抽查,按养护工程项目进行质量检验评定,并在此基础上进行施工质量验收。

4)项目后评估

> **8.1.4** 采用新材料和新技术的养护工程,应在设计使用年限内对工程质量和养护效果进行后评估。

根据《公路养护工程管理办法》(交公路发〔2018〕33号)第八条,养护工程资金使用范围包括项目后评估。

相较于新建工程,部分养护工程项目规模较小或技术较为简单,故本标准未要求所有养护工程项目均进行后评估。由于行业现行标准对养护工程部分新材料和新技术尚缺乏具体技术要求和评定标准,因此本条重点强调对采用新材料和新技术的养护工程项目进行后评估。

项目后评估的主要方法是对设计使用年限内的检测数据进行系统、客观的评价分析,重点检验其工程质量和养护效果,包括设计目标是否达成、新材料和新技术应用是否有效、是否还有需要改进和完善的地方等。

8.2 质量检验评定

1)质量检验评定等级

> **8.2.1** 养护工程施工质量检验评定等级应分为合格和不合格。

养护工程施工质量检验评定等级,依据《公路养护工程质量检验评定标准 第一册 土建工程》(JTG 5220—2020)的规定,分为合格和不合格两级。

2）质量检验评定单元

> 8.2.2　养护工程施工质量检验评定应以养护单元作为基本单元。

养护工程质量检验评定的基本单元又称质量检验评定单元。由于养护单元是养护工程作业组织的基本单元，故施工质量检验评定亦以养护单元作为基本单元。

养护单元的划分按照本标准第7.3.2条的规定，根据单位养护工程组成、路段长度、结构类型、材料类型和施工工艺等确定。

3）质量检验内容

> 8.2.3　养护单元质量检验应包括基本要求检查、外观质量检查、质量保证资料检查和实测检验评定，并应符合下列规定：
>
> 1　基本要求检查应对养护单元所使用的原材料、半成品和成品，以及施工工艺和质量控制要素等与设计文件和技术标准规定的符合性进行检查。
>
> 2　外观质量检查应对养护单元外在质量和功能状态等进行现场检查。
>
> 3　质量保证资料检查应对施工原始记录、试验数据、自检报告和质量检验评定资料等的真实性、准确性和完整性进行检查。
>
> 4　实测检验评定应按规定频率和质量标准对各检查项目进行现场检测，按规定合格率加极值的评定标准，对检查项目进行合格评定。

本条规定了养护单元质量检验的主要内容，包括基本要求检查、外观质量检查、质量保证资料检查和实测检验评定，具体内容如下：

（1）基本要求检查：包括养护单元所使用的原材料品种、规格、质量及混合料配合比和半成品、成品等，与设计文件和行业现行路基、路面、桥涵、隧道、交通工程及沿线设施养护技术规范有关规定的符合性；养护单元施工工艺和质量控制要素等，与设计文件和现行《公路养护工程质量检验评定标准　第一册　土建工程》（JTG 5220）所列基本要求的符合性。

（2）外观质量检查：包括养护单元外在质量和功能状态等与行业现行有关路基、路面、桥涵、隧道、交通工程及沿线设施养护技术规范有关规定的符合性。

（3）质量保证资料检查：包括施工原始记录、试验检测数据、自检报告和质量检验评定资料，以及实施监理项目的监理资料等的真实性、准确性和完整性。

（4）实测检验评定：即按规定的频率、检查方法和质量标准对各检查项目现场进行随机抽样检测，并按规定的合格率加极值的评定标准，对检查项目进行合格评定。所称规定频率和质量标准，以及规定合格率加极值的评定标准，即现行《公路养护工程质量检验评定标准　第一册　土建工程》（JTG 5220）等行业标准给出的有关规定。

规定合格率加极值的评定，即检查项目的合格率满足规定合格率，且无任何一个检测值突破规定的极值时，该检查项目即评定为合格。

所称合格率，指符合质量标准的检查点（组）数占该检查项目全部检查点（组）数的百分比。规定合格率，如根据有关标准的规定，关键项目的合格率不得低于95%，工厂加工制造的桥梁金属构件合格率应为100%，一般项目的合格率不应低于85%等。其中，关键项目如加铺沥青混凝土面层实测项目中的压实度、厚度和沥青含量等。

极值指现行有关标准规定的不得突破的控制性指标。

4）养护单元合格评定

8.2.4　养护单元全部检查项目均合格，且基本要求、外观质量和质量保证资料均符合要求时，养护单元质量应评定为合格。评定为不合格的养护单元，必须进行返工或返修，满足设计要求后可重新进行检验评定。

养护单元的合格评定,根据本标准第8.2.3条规定的养护单元四项检查及评定结论进行,即全部检查项目均合格,且基本要求、外观质量和质量保证资料均符合要求时,该养护单元质量评定为合格;检查项目中有任一项目不合格,或基本要求、外观质量和质量保证资料三项中有任意一项不符合要求时,该养护单元质量评定为不合格。

养护单元被评定为不合格时,意味着未能满足本标准第3.5.3条有关养护工程施工质量要求及设计要求,故规定必须进行返工或返修,在满足设计要求后,可以重新进行质量检验评定。

8.3 施工质量控制

1)材料和设备进场检验

(1)材料和设施

> 8.3.1 公路养护采用的主要原材料、半成品、成品、构件、机电设施和设备等应进行进场检验。涉及安全、节能、环境保护及主要使用功能的重要材料和产品,应按设计文件和有关标准的规定进行复验。

材料和设施进场检验主要包括材料和成品进场检验、设施和设备进场检验两大部分,主要检验内容及要求如下:

①材料和成品进场检验:公路养护采用的主要原材料、半成品、成品和构件等的进场检验,包括检查出厂合格证、质量检测报告或质量证明文件;检查品种、规格和外观质量;按国家和行业有关标准规定的检测项目、检测频率和试验方法检测有关物理力学指标等。检测合格,满足设计和有关标准的要求后方可用于施工。涉及安全、节能、环境保护及主要使用功能的重要材料和产品进场后,在质量证明文件和外观质量检查符合要求的基础上,还应当现场抽取试样送至试验室进行复验。

②设施和设备进场检验:公路养护中用于更换的设施和设备,包括机

电设施及管理服务设施中的设施和设备,其进场检验包括检查产品说明书、出厂合格证、质量检测报告或质量证明文件;检查设备规格、型号、外观尺寸和外观质量;按国家和行业有关标准规定的测试项目和试验方法,检测有关性能和功能等。设施和设备的各项参数及功能等满足设计和有关标准的要求后方可用于安装。

(2)施工器具和设备

> 8.3.2 施工器具和设备应按规定进行进场校准或检定。

养护工程施工器具和设备,包括施工机械、测量仪器、机具工具、检测和试验仪器等。施工器具和设备的进场检验包括检查证件和外观状况;由专业人员对器具和设备进行调试、校准和标定,以及按规定对有关装置进行检定等。施工器具和设备的各项参数及性能等满足设计和有关标准的要求后方可用于施工。在操作人员使用前,还应当对其进行安全技术交底。

2)工序质量控制

> 8.3.3 养护工程施工各道工序应按本标准和行业现行有关施工标准的规定进行质量控制。重要工序完成后和隐蔽工程隐蔽前,应按本标准第8.2节的有关规定进行质量检验评定,质量合格方可进入下道工序。

养护工程施工各道工序的施工质量控制,应当符合本标准第8章和行业现行有关施工标准的规定。行业现行有关施工标准,包括养护工程质量检验评定标准,路基、路面、桥涵、隧道和交通安全设施等的施工技术规范,路基、路面、桥涵和隧道等养护技术规范有关施工的规定,以及桥梁加固施工技术规范等。

在养护工程施工过程中,除现场随时检查施工质量外,重要工序的每道工序完成后应当在下道工序开始前对上道工序进行质量检验评定。根据本标准第8.2节的有关规定,质量检验评定包括基本要求检查、外观质量检查和实测检验评定等,具体检验评定内容、质量标准和方法按现行《公路养护工程质量检验评定标准 第一册 土建工程》(JTG 5220)的有关规定执行。重要工序的质量合格且满足下道工序的施工条件和要求后,才能进行下道工序的施工。

所称重要工序,指对修复和加固整体质量有直接影响的关键工序。以铣刨重铺沥青混凝土面层的施工为例,其重要工序包括路面铣刨、病害处治、混合料拌和、摊铺和碾压等,通过对各工序的质量检验,要求铣刨后的路槽应当干净,无松散,无夹层;病害处治后应当符合养护工程设计要求;混合料拌和后应当均匀,无花白,无粗细料分离和结团成块现象;摊铺和碾压应达到设计要求的压实度,多层摊铺时,每一压实层均应当进行压实度检测,上层摊铺之前应当保持下层整洁,不得污染;施工结束后还应当按《公路养护工程质量检验评定标准 第一册 土建工程》(JTG 5220—2020)表5.2.2规定的实测检验项目、质量标准、检查方法和频率进行施工质量检测评定。

隐蔽工程隐蔽前的质量检验评定亦包括基本要求检查、外观质量检查和实测检验评定等,具体检验评定内容、质量标准和方法同上。隐蔽工程质量合格且满足下道工序的施工条件和要求后,才能进行下道工序施工。

与此同时,施工过程中还应当对材料质量进行控制,对所使用的原材料和混合料等按照规定的检查项目、频度和技术标准进行抽样检测评定。施工过程中材料发生变化时,应当重新检测。

8.4 施工质量验收

1)施工质量验收基础

> 8.4.1 养护工程项目施工质量验收,应在养护单元和养护工程项目施工质量评定的基础上进行。养护单元质量检验评定应符合本标准第8.2节的规定。

本节重点给出养护工程施工质量的验收规定,不包含交工验收和竣工验收的全部内容,适用于验收阶段施工单位的质量自检、监理单位和质量检测机构对养护工程施工质量的检验评定等。

养护工程项目交工验收和竣工验收条件除通过施工质量的验收外,还应当符合《公路养护工程管理办法》(交公路发〔2018〕33号)规定的其他条件。该办法第四十五条规定:

"养护工程验收应当具备下列条件:

(一)完成设计文件和合同约定的各项内容;

(二)完成全部技术档案和施工管理资料整理归档;

(三)施工单位按相关标准、规范和规定对工程质量自检合格;

(四)工程质量缺陷问题已整改完毕;

(五)参与养护工程的相关单位完成工作总结报告;

(六)开展了监理咨询的,监理单位对工程质量评定为合格;

(七)按规定需进行专业检测的,检测机构对工程质量鉴定完毕并出具检测报告;

(八)完成财务决算;

(九)法律、法规、规章规定的其他条件。"

养护工程项目施工质量验收,以质量评定结论为重要依据,即在养护单元和养护工程项目施工质量评定的基础上进行。其中,养护单元质量检验评定已由本标准第8.2节给出了相关规定。

2)项目施工质量评定

(1)按养护单元直接组织实施时

> 8.4.2 养护工程项目按养护单元直接组织实施,且全部养护单元质量均评定为合格时,养护工程项目施工质量应评定为合格。

多数情况下,养护工程项目直接由多个或一个养护单元组成,由项目部按养护单元直接组织施工。

对于按养护单元直接组织施工的养护工程项目,其施工质量评定以养护单元质量评定为基础,即按照本标准第8.2节的规定,对所有养护单元逐一进行评定,当全部养护单元均评定为合格时,养护工程项目施工质量即为合格。

(2)分级组织实施时

> 8.4.3 养护工程项目按单位养护工程和养护单元分级组织实施时,施工质量应按养护单元、单位养护工程和养护工程项目逐级评定,并应符合下列规定:
>
> 1 单位养护工程内全部养护单元质量均评定为合格时,单位养护工程质量应评定为合格。
>
> 2 养护工程项目内全部单位养护工程质量均评定为合格时,养护工程项目施工质量应评定为合格。

对于包含多类基础设施的专项养护工程项目,如一条公路的灾后恢复工程项目,可能同时包含路基、路面和桥涵等多个单位养护工程,且其工程规模较大,施工组织一般自上而下按单位养护工程和养护单元分级组织施工。所称单位养护工程,参见本书第7.3节第2)部分的有关说明。

对于分级组织施工的养护工程项目,其施工质量评定仍以养护单元质量评定为基础,即按照本标准第8.2节的规定,分别对各单位养护工程内全部养护单元逐一进行评定,然后按养护单元、单位养护工程和养护工程项目自下而上逐级评定,即:

①当单位养护工程内全部养护单元质量均评定为合格时,该单位养护工程质量评定为合格。

②当养护工程项目内全部单位养护工程质量均评定为合格时,该养护工程项目施工质量评定为合格。

分级组织实施时的养护工程项目施工质量评定流程示意如图8-1所示。

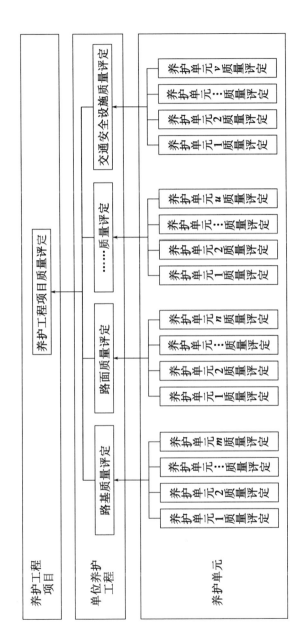

图 8-1 分级组织实施时的养护工程项目施工质量评定流程示意图

3)项目施工质量验收

> 8.4.4 养护工程项目施工质量评定为合格,且符合设计文件、行业现行有关标准和工程合同等的要求时,养护工程项目应验收合格。验收不合格,且经返工或返修仍不能满足使用功能或安全要求的养护工程项目,严禁验收。

养护工程项目施工质量验收合格,除应当满足合格要求外,还应当符合设计文件、行业现行有关标准和工程合同等的要求。

如果验收不合格,且经返工或返修仍不能满足使用功能或安全要求,则表明工程质量存在严重缺陷和安全隐患,导致公路设施难以正常使用或存在人身和财产安全较大风险,故规定对于这类工程严禁验收,需专门研究处置方案。

项目施工质量验收流程示意如图 8-2 所示。

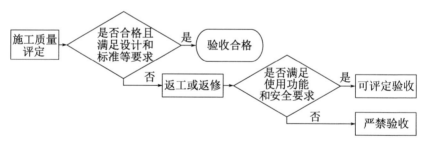

图 8-2 项目施工质量验收流程示意图

9 技术文件和数据管理

9.1 一般规定

1)文件和数据管理职责

> 9.1.1 公路养护技术文件的形成和积累、养护数据的收集和管理,应纳入养护管理各环节和有关人员的职责范围。

为完整保存、科学管理公路养护技术文件和数据,充分发挥其在公路养护中的作用,本条规定,公路养护技术文件和数据的积累及管理,应当纳入养护管理各环节和有关人员的职责范围。其中,养护管理各环节包括路况检查、养护决策、日常养护、养护工程设计和养护工程施工等各个阶段。

针对养护工程施工阶段,《公路养护工程管理办法》(交公路发〔2018〕33号)第四十五条明确规定,养护工程验收条件包括"完成全部技术档案和施工管理资料整理归档"。

关于技术文件和数据的积累、收集与管理职责,根据《公路建设项目文件材料立卷归档管理办法》(交办发〔2010〕382号)的有关规定,文件材料立卷归档工作,按照"谁形成谁负责"的原则,由文件材料的形成单位或部门负责。该办法第五条规定:"公路建设项目档案工作实行项目法人负责制。项目法人单位负责做好本单位形成的公路建设项目文件材料的收集、整理和归档工作,承担各参建单位项目文件材料收集归档工作的组织、协调和监督、指导等管理职责。"第七条规定:"各参建单位应配备具有相关工程专业知识、能够适应项目文件材料立卷归档工作需要的专职档案管理人员,并保持其稳定性;明确本单位有关岗位和人员项目文件材料收集归档的职责和要求;按规定做好项目文件材料的立卷归档和移交工作。"

参照上述公路建设项目文件材料立卷归档的规定,养护管理单位,路况检查、日常养护、养护工程设计和施工等养护参与单位的技术文件管理职责主要包括:

(1)养护管理单位:负责收集、整理和归档管理范围内的公路养护技术文件;负责组织、协调、监督和指导各养护参与单位的技术文件收集和归档等工作。

(2)养护参与单位:负责收集、整理和立卷在完成养护任务过程中形成的技术文件,并向养护管理单位或本单位档案管理部门移交。

关于数据的收集和管理职责,《科学数据管理办法》(国办发〔2018〕17号)第九条规定:

"有关科研院所、高等院校和企业等法人单位(以下统称法人单位)是科学数据管理的责任主体,主要职责是:

(一)贯彻落实国家和部门(地方)科学数据管理政策,建立健全本单位科学数据相关管理制度;

(二)按照有关标准规范进行科学数据采集生产、加工整理和长期保存,确保数据质量;

(三)按照有关规定做好科学数据保密和安全管理工作;

(四)建立科学数据管理系统,公布科学数据开放目录并及时更新,积极开展科学数据共享服务;

(五)负责科学数据管理运行所需软硬件设施等条件、资金和人员保障。"

公路养护数据的收集和管理职责,可以参照上述科学数据的管理规定,以及前述技术文件的管理职责,结合实际情况制定。

9 技术文件和数据管理

2) 技术文件的立卷归档

> 9.1.2 公路养护应建立技术文件档案,对养护各环节形成且具有保存价值的各种载体文件,均应收集齐全、整理立卷后归档。

在强调文件和数据管理职责的基础上,本条进一步明确了公路养护应当建立技术文件档案。

所称具有保存价值的各种载体文件,指能反映公路基础设施构造及有关技术指标、技术状况及服务功能、日常养护和养护工程实施情况及效果等,对掌握基础设施技术状况及变化情况、精准实施公路养护具有应用价值的各种载体文件。具体内容将在本标准第 9.2 节做出规定。养护工程验收前的文件归档范围,可以参照《公路工程竣(交)工验收办法实施细则》(交公路发〔2010〕65 号)附件 2 "公路工程项目文件归档范围"的规定,结合养护工程项目特点、规模和管理要求等确定。

3) 数据库与信息系统

> 9.1.3 公路养护应建立数据库,对各环节形成且具有科学价值的数据,均应收集加工、存储管理并充分利用,并宜建立公路养护管理信息系统。

公路基础设施数据和养护各环节取得的动态数据,对于公路养护科学决策和基础设施资产管理具有重要的支撑作用,因而大多具有较高的科学价值,并被公认为公路资产的一部分。

根据《科学数据管理办法》(国办发〔2018〕17 号)第十一条"法人单位及科学数据生产者要按照相关标准规范组织开展科学数据采集生产和加工整理,形成便于使用的数据库或数据集"的规定,以及对公路养护数据进行有效管理和应用的实际需求,本条明确提出应当建立公路养护数据库。根据养护管理和数据应用需要,应当建立数据库的单位包括公路养护管理单位、日常养护和养护总承包等养护参与单位。

数据库指为满足多用户及多应用的需要,按照一定的数据模型在计算机系统中组织、存储和使用的互相联系的数据集合。数据库具有数据结构化、共享性高、冗余度低、独立性强、易扩充等特点,并能满足多用户、多应用及海量数据存储需要,因而是数据管理的最佳手段。

从存储各种数据的表格,到存储海量数据并满足多用户应用需求的大型数据系统,数据库具有多种类型和不同功能。实际工作中,数据库类型和功能应当根据数据规模和应用需求等,结合现有条件确定。

公路养护数据库的主要应用方向之一,是为建立公路养护管理信息系统提供数据支持。因此,在建立公路养护数据库的基础上,有条件时应当建立公路养护管理信息系统。

9.2 文件管理

1) 接养时的资料归档

> 9.2.1 接养公路时应收集并归档公路基础资料、路况资料和管理资料,并应通过专项检查及评定获取当前技术状况资料。

接养公路时,不仅有基础设施的交接,还应当有养护对象技术状况和管理情况等基本信息的交接。故接养时应当收集并归档公路基础资料、路况资料和管理资料。参照本标准第9.3.1条的规定,各项资料的主要内容包括:

(1)基础资料:公路权属、技术等级、技术标准、建设阶段施工图设计文件、竣工图表、交(竣)工验收质量检验评定等资料,以及有关环境资料和经济资料。

(2)路况资料:技术状况检查及评定资料、交通量、交通组成和轴载谱等资料。

(3)管理资料:公路管理及路政管理等资料。

作为接养后制定养护规划和计划的基础资料,接养公路时还应当通过专项检查及评定获取当前技术状况资料。

2)养护过程的文件归档

> 9.2.2 公路养护过程应及时收集并归档下列技术文件:
> 1 日常巡查日志、经常检查记录、日常保养和维修记录。
> 2 定期检查和专项检查报告、监测数据分析报告。
> 3 养护决策分析报告。
> 4 养护工程项目库、年度养护计划和中长期规划。
> 5 养护工程设计文件。
> 6 养护工程施工质量管理、交工和竣工验收等文件。

公路养护过程应当收集并归档的技术文件,主要为各养护参与单位在养护工作中形成的各种载体文件,包括:

(1)日常养护单位在日常巡查、经常检查、日常保养和维修等工作中形成的文件。

(2)路况检查单位在定期检查和专项检查中形成的各类检查报告,结构监测单位在监测过程中形成的数据分析报告等。

(3)养护决策分析单位完成的决策分析报告等。

(4)养护管理单位制定的养护工程项目库、年度养护计划和中长期规划等。

(5)设计单位完成的养护工程设计文件,包括施工图设计文件和预算,以及技术方案设计文件等。

(6)养护管理和施工单位在养护工程实施过程及完工后形成的质量管理、交工和竣工验收文件等。

3) 归档文件载体类型

> **9.2.3** 归档文件载体类型应包括各种文字和图表，以及辅以文字说明的照片、录音和录像等历史记录声像文件。

本条规定了归档文件的主要载体类型，包括在公路养护工作中形成的各种文字、图纸、表格和辅以文字说明的声像文件。其中，声像文件包括记载有声音、图片和影像等历史记录的照片、影片、录音带、录像带、磁盘、光盘和硬盘等。

4) 归档文件质量

> **9.2.4** 归档文件内容必须真实、准确，每套归档文件应同时编制一套电子文件，随纸质文件一并归档。

归档文件内容必须真实、准确，即归档文件的内容、结构和背景信息等应当与形成时的原始状况一致。为此，归档的纸质文件应当是原件，并随养护工作同步形成，不能事后补编。

所称电子文件，根据《电子文件归档与电子档案管理规范》（GB/T 18894—2016），指在数字设备及环境中生成，以数码形式存储于磁带、磁盘或光盘等载体，依赖计算机等数字设备阅读、处理，并可在通信网络上传送的文件。

随纸质文件一并归档的电子文件应当与纸质文件在内容、相关说明和描述上保持一致。归档电子文件还应当包含描述电子文件数据属性的元数据，包括文件的格式、编排结构、硬件和软件环境、文件处理软件、字处理和图形工具软件、字符集等数据。

按照2019年修订版《建设工程文件归档规范》（GB/T 50328—2014）的规定，作为档案保存的电子文件及其元数据，当签署了具有法律效力的电子印章或电子签名时,可以不移交相应的纸质档案。

9.3 数据管理

1)数据库建立与入库数据

> 9.3.1 公路养护数据库应根据养护管理范围和职责分级建立,入库数据应包括基础数据、路况数据和管理数据,并应包括下列信息:
> 1 基础数据:公路权属、技术等级、技术标准、各类基础设施构造和建设年代等资产信息,地形、地质、水文和气象等环境信息,材料单价、人工费用和地方经济指标等经济信息。
> 2 路况数据:历次各类路况检查及评定、结构监测,交通量、交通组成和轴载谱,历次养护工程设计、施工及其质量检验评定和验收等信息。
> 3 管理数据:养护工程项目库、历年养护计划和历次中长期规划,公路管理、养护单位及其负责路段,以及路政管理信息等。

本条规定了公路养护数据库的建立原则和入库数据类型。

数据库的建立原则是根据养护管理范围和职责分级建立,即养护管理单位针对管辖范围内的公路,根据养护管理和数据应用需要,按照公路管理层级分级建立数据库。养护单位则根据数据生产情况和养护业务需要建立数据库。

入库数据类型分为基础数据、路况数据和管理数据,主要内容包括:

(1)基础数据:主要为记载公路资产信息、环境信息和经济信息的数据。其中,公路资产信息中的基础设施构造信息,包括数字化的路线、路基、路面、桥涵、隧道、路线交叉、交通工程及沿线设施等。当公路设计和施工阶段交付有建筑信息模型(BIM)成果时,应当收集入库或建立 BIM 子数据库。

(2)路况数据:主要为公路养护历次各环节形成,反映基础设施技术状况和服务功能及其变化情况、日常养护和养护工程实施情况及效果等的数据,包括历次各类路况检查及评定获得的数据等。

(3)管理数据:主要为公路养护管理过程中形成的数据,以及记载相关管理信息的数据,包括养护工程项目库、历年养护计划和历次中长期规划、公路管理和养护单位及其负责路段等数据。

具体入库数据内容根据数据生产情况,结合养护业务需要确定。

2)动态数据录入

9.3.2 数据库应及时录入路况数据和管理数据中的动态数据,其他数据发生变更时应及时更新。

动态数据是指在系统应用中随时间变化而变化的数据,包括本标准第9.3.1条所列路况数据,管理数据中的养护计划、规划和养护工程项目库,以及基础数据中的经济信息类数据等。

动态数据是直接反映公路基础设施技术状况和服务功能及其变化情况,以及养护管理过程的数据,因而是"持续跟踪和掌握公路基础设施使用情况和技术状况"和"精准施策、综合养护"的最重要的支撑性数据。为保证动态数据的完整性和有效性,在动态数据产生后应当及时入库,其他数据发生变更时也应当及时更新。

3)数据库功能

9.3.3 数据库宜具备数据获取、加工、存储、核查和检索等功能,并宜为各类数据交换、共享和应用提供接口。

本条给出了数据库的基本功能及相关要求。其中,数据库功能包括数据获取、加工、存储、核查和检索等,具体如下:

(1) 数据获取功能:指具有将来自各种数据源的原始数据收集到数据库的功能。除从磁盘批量导入、人工录入数据外,根据数据内容、来源和格式等,数据库还需具备从网络服务接口、数据交换平台、数据库共享平台或计算机辅助设计平台等自动获取所需原始数据的功能。

(2) 数据加工功能:指对获取的大量原始数据,利用数据挖掘和清洗等手段将无价值、不在给定范围、数据格式非法、逻辑含糊等数据,转化为满足数据质量要求或应用要求的数据的功能。

(3) 数据存储功能:指按统一的数据格式和编码规则将数据及数据之间的联系存储于计算机内部或外部存储介质的功能。数据编目、编码和数据元的编制规则按现行《公路数据库编目编码规则》(JT/T 132)、《公路交叉分类与编码规则》(JT/T 302)、《交通信息基础数据元 第1部分:总则》(JT/T 697.1)和《交通信息基础数据元 第2部分:公路信息基础数据元》(JT/T 697.2)等执行。

(4) 数据核查功能:指通过运行自动核查功能,对录入数据的完整性、异常值和拓扑关系等进行核查,并对发现的问题进行甄别和核实处理的功能。完整性指入库数据是否完整,是否具备规定的组成要素;异常值包括各类基础设施的空间属性和路况数据等超出正常范围的值;拓扑关系包括各类基础设施之间,结构相关部件和构件之间的关联关系。

(5) 数据检索功能:指根据用户需要从数据库查找和提取所需数据的功能。包括简单检索(即单一因素的检索)和综合检索(即综合条件检索)。

除满足上述功能要求外,数据库还应当提供信息共享接口,满足各类数据交换、共享和应用的需要,并为公路养护管理信息系统提供数据支持。

4) 数据安全

> 9.3.4 数据库应根据数据安全级别,采取严格的安全管控措施。

《中华人民共和国数据安全法》第二十一条规定:"国家建立数据分类分级保护制度,根据数据在经济社会发展中的重要程度,以及一旦遭到篡改、破坏、泄露或者非法获取、非法利用,对国家安全、公共利益或者个人、组织合法权益造成的危害程度,对数据实行分类分级保护。"

公路养护数据库的数据安全分级及管控,按行业现行有关标准的规定执行。交通运输行业标准《交通运输数据安全分级和管控要求(征求意见稿)》就数据安全分析原则、分级框架、分级要素、安全风险分析和分级方法等分别进行了规定,同时从数据处理全过程环节提出了基本管控要求和分级管控要求。根据该标准征求意见稿,数据分为核心数据、重要数据和一般数据,各类数据的定义及管控要点如下:

(1)核心数据:指一旦遭到泄露、篡改、毁损、非法使用或共享,可能直接危害政治安全的重要数据,以及对国家安全、其他领域安全造成严重危害的重要数据。要求按国家有关规定执行最严格的管控措施。

(2)重要数据:指一旦遭到泄露、篡改、毁损、非法使用或共享,可能直接危害国家安全、经济运行、社会稳定、公共健康和安全的数据。要求实施严格的内部安全管理措施、审批制度及应急处置措施,并将相关的安全责任落实到接触数据个人,签订个人安全承诺,实施严格的数据处理全过程安全管理;在收集、转移用户个人信息时应征得用户同意;采取严格的技术措施保障数据安全;建立实时安全预警机制。

(3)一般数据:指除重要数据、核心数据以外的其他数据,从高到低进一步分为一般3级数据、一般2级数据和一般1级数据,相应的管控要点如下:

①一般3级数据:实施加强的内部安全管理措施、审批制度及应急处置措施,并将相关的安全责任落实到接触数据个人,签订个人安全承诺,实施加强的数据处理全过程安全管理;在收集、转移用户个人信息时应征得用户同意;采取加强的技术措施保障数据安全;建立准实时安全预警机制。

②一般2级数据:实施必要的内部安全管理措施、审批制度及应急处置措施,并将相关的安全责任落实到项目负责人,签订负责人安全承诺,必要时实施加强的数据处理全过程安全管理;采取必要的技术措施保障数据安全;建立安全预警机制。

③一般1级数据:实施基本的内部安全管理措施,实施基本的数据处理全过程安全管理。

当数据库为公路养护管理信息系统的组成部分时,数据库及其数据的安全保护,采用信息系统的安全保护等级,按现行《交通运输行业网络安全等级保护基本要求》(JT/T 1417)的有关规定执行。

9.4 养护管理信息系统

1)信息系统建立与集成

> 9.4.1 公路养护管理信息系统应根据养护管理范围和职责分级建立,并宜与监测和监控等系统联网集成,协同管理。

本节有关公路养护管理信息系统的规定,主要针对信息化公路养护综合管理系统。

根据本条要求,公路养护管理单位需建立公路养护综合管理系统时,应当根据养护管理范围和职责分级建立,按管理组织结构和职责范围形成多层级多部门的一体化系统。公路养护单位则根据养护对象和业务需要建立相应的应用系统。

监测和监控系统是感知和数据采集系统的重要组成部分,尤其结构监测系统是动态跟踪特殊基础设施技术状态的重要系统。监测和监控系统目前大多为独立建设、自成系统,为有利于数据共享利用和协同管理,本条规定养护管理信息系统宜与监测和监控等系统联网集成。

2)信息系统架构和功能

> 9.4.2 养护管理信息系统应具有基于数据库支撑的平台层、应用层和展示层的总体架构,以及信息安全体系和标准规范体系。根据实际需要及现有条件,宜具备技术状况评定、养护决策分析、日常养护和养护工程管理、公路资产管理和技术文件档案管理等功能。

本条从技术角度提出了公路养护管理信息系统的总体架构,为基于B/S(Browser/Server,浏览器/服务器)结构原理的信息系统架构,其中,客户端统一为浏览器,应用服务器与数据库服务器分离设置。除设备和网络等物理层外,总体架构主要包括平台层、应用层和展示层。

(1)平台层:包括数据访问平台和云计算平台。

(2)应用层:提倡面向养护全过程并提供综合服务功能,包括技术状况评定、养护决策分析、日常养护和养护工程管理、公路资产管理和技术文件档案管理等,具体功能根据实际需要和现有条件确定。

(3)展示层:提倡建立基于地理信息系统(GIS)的可视化展示平台,具有内、外部用户与系统之间的数据交换、共享及输出等功能。

3)信息系统安全

> 9.4.3 养护管理信息系统应按国家和行业现行有关标准的规定,建立完备的信息安全、设备安全和场地安全体系。

《中华人民共和国网络安全法》第二十一条规定:"国家实行网络安全等级保护制度。"

根据《交通运输行业网络安全等级保护定级指南》(JT/T 904—2023)第4.2.3.1条的规定,公路养护综合管理系统可以划归安全等级保护对象中的信息服务类。按照该指南第4.1节的规定,交通运输行业等级保护对象的安全保护等级,由低到高划分为第一级、第二级、第三级、第四级和第五级。

《公路水路关键信息基础设施安全保护管理办法》(交通运输部令2023年第4号)第十六条规定:"公路水路关键信息基础设施的网络安全保护等级应当不低于第三级。"所称关键信息基础设施,是指在公路水路领域,一旦遭到破坏、丧失功能或者数据泄露,可能严重危害国家安全、国计民生和公共利益的重要网络设施、信息系统等。

公路养护综合管理系统的安全保护等级,根据其在国家安全、经济建设、社会生活中的重要程度,以及一旦遭到破坏、丧失功能或数据被篡改、泄露、丢失、损毁后,对国家安全、社会秩序、公共利益,以及公民、法人和其他组织的合法权益的侵害程度等,按现行《交通运输行业网络安全等级保护定级指南》(JT/T 904)的有关规定确定。

公路养护综合管理系统的安全等级保护基本要求,按现行《交通运输行业网络安全等级保护基本要求》(JT/T 1417)等的有关规定执行。《交通运输行业网络安全等级保护基本要求》(JT/T 1417—2022)针对不同的安全等级,规定了网络信息安全保护的通用要求、云计算扩展要求、移动互联网扩展要求、物联网安全扩展要求、工业控制系统安全扩展要求和大数据安全扩展要求等。其中,安全通用要求包括安全物理环境、安全通信网络、安全区域边界、安全计算环境、安全管理中心、安全管理制度、安全管理机构、安全管理人员、安全建设管理和安全运维管理等要求。

与信息安全有关的标准包括现行《信息安全技术 网络安全等级保护定级指南》(GB/T 22240)、《信息安全技术 网络安全等级保护基本要求》(GB/T 22239)、《信息安全技术 网络安全等级保护实施指南》(GB/T 25058)、《信息安全技术 网络安全等级保护测评要求》(GB/T 28448)、《信息安全技术 基于互联网电子政务信息安全实施指南》(GB/Z 24294)等。

在设备安全方面,除应当符合现行《交通运输行业网络安全等级保护基本要求》(JT/T 1417)有关网络设备、安全设备和设备维护等的要求外,所采购设备在安全方面还应当符合现行《音视频、信息技术和通信技术设备　第1部分:安全要求》(GB 4943.1)等的有关规定。

  在场地安全方面,除应当符合现行《交通运输行业网络安全等级保护基本要求》(JT/T 1417)有关物理位置选择、物理访问控制、防盗窃和防破坏、防雷击、防火、防水和防潮、防静电、温湿度控制、电力供应和电磁防护等的安全物理环境要求外,还应当符合现行《计算机场地安全要求》(GB/T 9361)等的有关规定。

附录 A 日常养护作业主要内容

表 A 日常养护作业主要内容

设施类别	作业主要内容
路基	1. 清除土路肩、坡面、中央分隔带、防护及支挡结构物上的杂物、杂草。 2. 局部加固路肩,填补路肩零星缺口和坡面零星冲沟等。 3. 疏通防护及支挡结构物的泄水孔。 4. 疏通边沟、截水沟、排水槽和集水井等排水设施。 5. 清除遮挡安全视距和标志的设施和植物。 6. 清除零星塌方、上边坡危石和碎落岩土。 7. 防护及支挡结构物日常维修。 8. 小型灾毁处治
路面	1. 清除路面泥土、积沙、杂物、散落物、积水、积雪和积冰等。 2. 铺撒路面防冻和防滑料等。 3. 疏通路面排水设施。 4. 沥青路面局部裂缝、坑槽、车辙、沉陷、拥包、松散和泛油等病害处治。 5. 水泥混凝土路面清缝、填缝料局部填补或更换,局部裂缝、坑洞、角隅断裂、错台和脱空等病害处治
桥梁、涵洞	1. 清除桥面泥土、积沙、杂物、散落物、积水、积雪和积冰等。 2. 铺撒桥面防冻和防滑料。 3. 桥面系其他设施、桥梁上部结构和下部结构部件及构件保洁、除冰和除雪等。 4. 疏通排水设施。 5. 桥面局部病害处治、桥面系其他设施日常维修或局部更换。 6. 桥梁上部结构和下部结构局部病害处治,钢结构连接件日常维修或更换。 7. 河床铺砌、防护及调治构造物日常维修。 8. 清除桥下和调治构造物周边漂浮物。 9. 疏通涵洞,洞身、洞外工程及附属设施日常维修

续表 A

设施类别	作业主要内容
隧道	1. 清扫路面,清除路面泥土、积沙、杂物和散落物等。 2. 清除半山洞内积水、积雪、积冰、杂物及坠落石块等。 3. 清除洞口边仰坡危石和碎落岩土等。 4. 洞门、侧墙、检修道、吊顶和内装饰等保洁及杂物清除。 5. 疏通隧道排水设施。 6. 路面局部病害处治。 7. 洞口、洞门、衬砌、检修道、吊顶及预埋件和内装饰等日常维修。 8. 隧道供配电、照明、通风、消防、监控和通信等设施及设备经常性检修,易耗和易损部件定期更换。 9. 设备洞室、风机房、水泵房、洞外联络通道等其他工程设施日常保养和维修。
交通安全设施	1. 标志牌、里程碑、百米桩和界碑保洁、局部修复或更换。 2. 路面标线、立面标记和突起路标保洁、局部补划、更换或补缺。 3. 护栏、栏杆、防撞垫和防撞桶等防护设施局部修复或更换。 4. 轮廓标、示警桩、示警墩和道口标柱等视线诱导设施保洁、局部修复或更换。 5. 中央分隔带防眩板或防眩网保洁、补缺、局部修复或更换。 6. 隔离栅、防落物网和防落石网防腐层补涂、局部修补或增补,清除杂物和杂草。 7. 避险车道制动床集料定期翻松,清除避险车道内的事故车辆和制动床杂物,化解冻结集料等。 8. 防风栅、防雪栅、防沙栅和积雪标杆等局部修复、增设或更换
机电设施	1. 监控、收费、通信、供配电、照明和监测等机电设施及设备清洁保养。 2. 监控、收费、通信、供配电、照明和监测等机电设施及设备经常性检修,易耗和易损部件定期更换
管理服务设施	1. 管理服务设施用房及设备、场区、停车场及出入匝道等清洁保养。 2. 管理服务设施用房及设备、场区、停车场及出入匝道等日常维修
绿化与环境保护设施	1. 公路用地范围绿化植物灌溉、排涝、施肥、中耕除草、整形修剪和病虫害防治等。 2. 公路用地范围绿化植物局部补植和改植。 3. 行道树冬季刷白。 4. 声屏障、污水处理设施和水土保护设施等日常维护

附录 B 养护工程作业主要内容

表 B 养护工程作业主要内容

工程类别	设施类别	作业主要内容
预防养护	路基	1. 路基防护工程增设或完善。 2. 路基排水系统增设或完善。 3. 防护及支挡结构物表面破损集中处治,泄水孔疏通等。 4. 边坡坡面冲刷、碎落和局部崩塌等集中处理
	路面	1. 沥青路面整路段防损、防水、抗滑、抗老化或提高平整度等表面处治。 2. 水泥混凝土路面整路段防滑、防水、防剥落或提高平整度等表面处治,板底脱空处治和接缝材料集中清理更换等
	桥梁、涵洞	1. 混凝土构件非结构性裂缝和表观缺损等集中处治,钢筋防锈和防侵蚀等预防处治。 2. 钢构件防腐、防锈和防侵蚀处理等周期性预防处治。 3. 吊杆、拉索两端锚头除锈,锚具锚杯内的防腐油脂定期更换;钢护筒与套管连接处的防水垫圈及阻尼垫圈定期更换。 4. 砌体非结构性开裂和砂浆剥落等集中处治。 5. 桥面铺装层轻微病害集中处治。 6. 伸缩装置和支座等构件维护。 7. 构件防水和防渗漏、箱室结构内部通风和除湿等预防处治。 8. 桥涵基础抗冲刷防护工程增设或完善
	隧道	1. 结构防腐、防侵蚀、防火阻燃等周期性预防处治。 2. 结构表面裂缝和剥落等集中处治。 3. 结构表面浸渗等集中处治。 4. 路面轻微病害集中处治。 5. 高寒地区隧道防冻和保温设施维护和保养

续表 B

工程类别	设施类别	作业主要内容
修复养护	路基	1. 路堤沉降、桥头跳车、翻浆和开裂滑移等处治。 2. 边坡失稳、坍塌和滑坡等治理。 3. 支挡结构物修复或增设。 4. 路基排水设施修复。 5. 路肩硬化，路缘石集中更换。 6. 局部路段路基加高、加宽或改建。 7. 防雪、防石和防风沙等防灾设施修复或增设
	路面	1. 沥青路面表面层结构功能衰减的修复、加铺或重铺。 2. 沥青路面面层和基层结构性破坏的修复、加铺或重铺。 3. 水泥混凝土路面裂缝、断裂和破碎等的修复或换板。 4. 水泥混凝土路面整体结构破坏的结构形式改造或结构加铺。 5. 砂石和块石路面整路段结构性修复及改善。 6. 配套路面修复，标志、标线、护栏、路缘石及分隔带开口等的恢复和完善
	桥梁、涵洞	1. 混凝土构件变形、承载能力不足、结构性裂缝和缺损的修复或更换。 2. 砌体结构变形、结构性开裂和破损等的修复。 3. 钢构件变形、开裂、连接失效和承载能力不足等的修复或更换。 4. 钢管混凝土结构管内混凝土脱空处治。 5. 斜拉索、吊索和吊杆等的调整或更换。 6. 桥面铺装病害处治，附属设施集中修复或更换。 7. 伸缩装置和支座等构件集中更换。 8. 调治构造物和径流系统等的修复或完善。 9. 涵洞修复、加固、增设或接长等
	隧道	1. 衬砌变形、结构性裂缝、破损和渗漏水等的修复。 2. 隧底涌水、翻浆、路面隆起或路面板断裂等的修复。 3. 洞口边仰坡边坡失稳和坍塌等的治理。 4. 洞门结构物修复。 5. 检修道、吊顶及预埋件和内装饰等的修复。 6. 排水设施集中修复。 7. 隧道供配电、照明、通风、消防、监控和通信等机电设施及设备集中维修或更换。 8. 设备洞室、风机房、水泵房、洞外联络通道等其他工程设施的修复

附录B 养护工程作业主要内容

续表 B

工程类别	设施类别	作业主要内容
修复养护	交通安全设施	1. 标志牌、里程碑、百米桩和界碑等的集中修复或更换,标志牌补设。 2. 路面标线、立面标记和突起路标的整路段重新施划或更换。 3. 护栏、栏杆、防撞垫和防撞桶等防护设施的集中修复、更换或补设。 4. 轮廓标、示警桩、示警墩和道口标柱等的集中修复、更换或补设。 5. 中央分隔带防眩板或防眩网的集中更换。 6. 隔离栅、防落物网和防落石网的集中修复或更换。 7. 避险车道整体修复或制动床集料更换。 8. 防风栅、防雪栅、防沙栅、积雪标杆等的集中修复或更换
	机电设施	1. 监控、收费、通信、供配电、照明、监测、隧道通风和消防等设施及设备集中维修或更换。 2. 软件系统增设或升级
	管理服务设施	1. 管理服务设施用房定期修缮,设备集中维修或更换。 2. 场区、停车场及出入匝道等的修复或改造
	绿化与环境保护设施	1. 公路用地范围绿化植物集中更换或新植,开辟苗圃等。 2. 声屏障、污水处理设施、烟气除尘设施和水土保持设施等的修复、改造、扩建或增设。 3. 公路景观提升、路域环境治理等
专项养护	各类设施	1. 为提升服务功能的路段或路线交叉改建工程。 2. 为提升结构强度的路面大规模改建或重建工程。 3. 为提升承载能力或抗灾能力等的危旧桥梁改造专项行动。 4. 为提升交通安全保障水平的交通工程及沿线设施完善增设或升级改造等工程。 5. 为提升抗灾能力的地质灾害防治工程。 6. 为恢复公路服务功能的灾后恢复工程。 7. 其他如"畅安舒美"示范公路创建工程等
应急养护	各类设施	1. 清理自然灾害及其他突发事件造成的障碍物。 2. 公路突发损毁的抢通、保通和抢修。 3. 可能危及交通安全的重大安全隐患处治